Aktueller Hinweis:

So gehen Sie mit dem Thema Euro um

Eine Währungsumstellung ist für das unbewegliche Vermögen nicht unbedingt etwas Neues: Bei der langen Lebensdauer von Immobilien kommt es sogar vor, dass noch Preise des Jahres 1913 – also lange vor Einführung der DM – als Rechnungsgröße benötigt werden (vgl. Tabellen ab Seite 144). Die aktuellen Preise in Euro müssen sich erst noch im Laufe der nächsten Jahre entwickeln. Bis zu einer allgemeinen Umstellung der Preise können Sie bei der Verkehrswertermittlung weiterhin mit der gewohnten Währung in DM rechnen. Anschließend rechnen Sie den DM-Betrag in Euro um. Einzige Besonderheit: Sie müssen den Euro-Betrag und nicht – wie bisher – den DM-Betrag runden. Nutzen Sie dazu die folgende

Rundungstabelle 2002

Runden Sie	auf einen vollen	Beispiel
Beträge bis 10.000 Euro	Hunderter	10.520 Euro $\Rightarrow$ 10.500 Euro
Beträge über 10.000 Euro bis 500.000 Euro	Tausender	50.934 Euro $\Rightarrow$ 51.000 Euro
Beträge über 500.000 Euro bis 1.000.000 Euro	Zehntausender	753.000 Euro $\Rightarrow$ 750.000 Euro
Beträge über 1.000.000 Euro	Hunderttausender	1.620.000 Euro $\Rightarrow$ 1.600.000 Euro

Wir freuen uns über Ihr Interesse an diesem Buch. Gerne stellen wir Ihnen kostenlos zusätzliche Informationen zu diesem Programmsegment zur Verfügung.

Bitte sprechen Sie uns an:

E-Mail: walhalla@walhalla.de
http://www.walhalla.de

Walhalla Fachverlag · Haus an der Eisernen Brücke · 93042 Regensburg
Telefon (09 41) 5 68 40 · Telefax (09 41) 56 84 111

Wilfried Mannek

PROFI-HANDBUCH: WERTERMITTLUNG VON IMMOBILIEN

- Vergleichswert, Ertragswert, Sachwert
- Hilfen für Kauf, Verkauf, Erbfolge und Steuer
- Gutachten kontrollieren und professionell erstellen

WALHALLA
FACHVERLAG

Die Deutsche Bibliothek – CIP-Einheitsaufnahme

Mannek, Wilfried : Profi-Handbuch Wertermittlung von Immobilien :
Vergleichswert, Ertragswert, Sachwert ; Hilfen für Kauf, Verkauf, Erbfolge und
Steuer ; Gutachten kontrollieren und professionell erstellen / Wilfried Mannek. –
2. Aufl. – Regensburg ; Berlin : Walhalla-Fachverl., 2002
   (Geld & Gewinn)
   ISBN 3-8029-3309-5

Zitiervorschlag:
Wilfried Mannek, Profi-Handbuch Wertermittlung von Immobilien
Regensburg, Berlin 2002

Hinweis: Unsere Werke sind stets bemüht, Sie nach bestem Wissen zu informieren.
Verbindliche Auskünfte holen Sie gegebenenfalls bei Ihrem Steuerberater, Sachverständigen
oder Rechtsanwalt ein.

2. Auflage

© Walhalla u. Praetoria Verlag GmbH & Co. KG, Regensburg/Berlin
Alle Rechte, insbesondere das Recht der Vervielfältigung und Verbreitung
sowie der Übersetzung, vorbehalten. Kein Teil des Werkes darf in irgendeiner Form
(durch Fotokopie, Datenübertragung oder ein anderes Verfahren) ohne schriftliche
Genehmigung des Verlages reproduziert oder unter Verwendung elektronischer
Systeme gespeichert, verarbeitet, vervielfältigt oder verbreitet werden.
Produktion: Walhalla Fachverlag, 93042 Regensburg
Umschlaggestaltung: Gruber & König, Augsburg
Druck und Bindung: Westermann Druck Zwickau GmbH
Printed in Germany
ISBN 3-8029-3309-5

Nutzen Sie das Inhaltsmenü:
Die Schnellübersicht führt Sie zu Ihrem Thema.
Die Kapitelüberschriften führen Sie zur Lösung.

Schnellübersicht

Gesamtinhaltsübersicht

So schätzen Sie professionell

Zur professionellen Bewertung von Immobilien brauchen Sie Daten, Methoden und Zahlen. Nur so sind Sie mit realistischen Werten erfolgreich. Nutzen Sie die Erkenntnisse der modernen Schätzungslehre und verzichten Sie auf überflüssige Theorien. Jonglieren Sie mit der jeweils besten Bewertungsmethode für Ihre konkrete Zielimmobilie!

Das Profi-Handbuch enthält alle aktuellen Daten und Preisgrundlagen, die Sie bei allen typischen Verkehrswertermittlungen benötigen.

Obwohl „schätzen" nicht „raten" heißt und Profi-Methoden für Sie unverzichtbar sind, helfen in bestimmten Situationen auch professionelle Faustregeln. Nur so sind Sie in der Lage, sich im Immobiliengeschäft immer sicher und richtig zu entscheiden. Nutzen Sie die Möglichkeiten, die „Maklerformel" für Ihre konkreten Zwecke zu verfeinern.

Unverzichtbar ist es auch für Sie, ständig und aktiv den aktuellen Grundstücksmarkt zu beobachten. Nur so erhalten Sie genaue Kenntnisse über die Kaufpreise und gewährleisten, dass ihre Bewertung nicht in eine schematische „Zählerei von Steinen ohne Marktbezug" abdriftet.

Wilfried Mannek

Was Sie *vorher* wissen sollten

1

Wissenswertes

1. Nur realistische Verkehrswerte sind brauchbar

Markt einschätzen bei Kauf und Verkauf

Die Frage nach dem Wert einer Immobilie wird oft gestellt. Gründe gibt es genug. Ohne realistische Markteinschätzung wird kaum ein Grundstück gekauft oder verkauft. Insbesondere in den folgenden Fällen brauchen Sie einen realistischen Verkehrswert der Immobilie:

■ Sie wollen Ihr Grundstück verkaufen und einen angemessenen Kaufpreis als Verhandlungsbasis verlangen, der Ihnen noch genügend Verhandlungsspielräume lässt.

■ Sie sind an einer Immobilie interessiert und wollen kontrollieren, ob der Kaufpreis angemessen ist.

■ Sie wollen ein Grundstück auf Rentenbasis kaufen und prüfen, wie hoch der Wert der Immobilie ist.

■ Sie wollen Ihr Grundstück an Ihre Kinder im Wege der vorweggenommenen Erbfolge übertragen und überlegen, wie hoch Ausgleichszahlungen an die Kinder sein müssen, die das Grundstück nicht erhalten.

Verkehrswert bei der Betriebsprüfung

■ Der Betriebsprüfer will einen so genannten Entnahmegewinn versteuern, weil Sie ein Grundstück aus Ihrem Betriebsvermögen in Ihr Privatvermögen überführt haben.

■ Sie wollen bei der Einkommensteuer eine möglichst hohe Absetzung für Abnutzung geltend machen.

■ Sie wollen Erbschaftsteuer minimieren, weil Sie den vom Finanzamt angesetzten Grundstückswert für zu hoch halten.

■ Sie wollen ein bereits existierendes formelles Gutachten kontrollieren, um sicher zu gehen, dass die Annahmen des Gutachters realistisch sind.

- Derartige Kontrollmöglichkeiten ergeben sich insbesondere, wenn Sie ein Grundstück in der Zwangsversteigerung kaufen wollen.

- Sie wollen Ihre Kaufpreis-Sammlung aktualisieren. Nur so können Sie Tendenzen aufspüren.

2. Nutzen Sie die Quellen der Profis

Häufig reicht es aus, eine einfache Berechnung des Verkehrswerts durchzuführen. Ein viele Seiten umfassendes ausführliches Gutachten ist keineswegs immer erforderlich. Und dennoch können Sie auf ein derartiges Gutachten nicht verzichten, wenn Sie Gutachter sind und einen entsprechenden Auftrag erhalten. Jedoch können Sie mit dem Profi-Handbuch auch ohne Ausbildung als Sachverständiger den Verkehrswert professionell bestimmen, weil das Geheimnis von qualitativ guten Bewertungen oft in wenigen Fakten liegt.

Formelles Gutachten nicht immer erforderlich

Wichtig: Auch ein formelles Gutachten ist keine Garantie dafür, dass der ermittelte Wert auf dem örtlichen Grundstücksmarkt im Falle eines Verkaufs tatsächlich erzielt wird. Die Praxis zeigt hier immer wieder, dass letztlich der Kaufpreis vom Verhandlungsgeschick der Vertragsparteien abhängt.

Erfolgreich sind Sie bei Grundstücksbewertungen nur, wenn Sie nicht nur die einfachen und sicheren Methoden kennen. Sie müssen darüber hinaus auch die typischen Faustregeln der Profigutachten erkennen. So können Sie sich auch scheinbar geheime Quellen erschließen, damit Sie alle grundstücksrelevanten

Geheime Quellen erschließen

- Daten

- Merkmale

- Bewertungbesonderheiten

in die Verkehrswertermittlung einbeziehen. Dazu müssen Sie die Quellen der Datenbeschaffung kennen. Nutzen Sie deshalb alle Tricks und Informationsquellen. So sichern Sie sich den entscheidenden Wissensvorsprung, mit dem Sie bei Grundstücksgeschäften erfolgreich sind. Lesen Sie mehr dazu in dem entsprechenden Kapitel.

3. Das ist der Verkehrswert!

Definition
„Verkehrswert"

Der „Wert" eines Grundstücks ist im Regelfall der so genannte Verkehrswert. Was unter diesem Begriff genau zu verstehen ist, wird in verschiedenen Gesetzen und Verordnungen festgelegt. In manchen Rechtsgebieten wird auch der Begriff „gemeiner Wert" verwendet. Das ist beispielsweise im Steuerrecht der Fall. Dennoch haben alle Definitionen letztlich ein und denselben Wert im Visier.

Definition: Verkehrswert

Der Verkehrswert eines Grundstücks ist der Preis,

- der im gewöhnlichen Geschäftsverkehr

- nach den rechtlichen Gegebenheiten

- tatsächlichen Eigenschaften

- der sonstigen Beschaffenheit

- der Lage des Grundstücks

- ohne Rücksicht auf ungewöhnliche oder persönliche Verhältnisse

- zu einem bestimmten Zeitpunkt

zu erzielen wäre.

Achtung: Kein gewöhnlicher Geschäftsverkehr liegt vor bei:

- Verkauf aus einem Zwang heraus
- Verkauf aus einer Notlage heraus
- Spekulationsgeschäfte mit Grundstücken
- Veräußerungen unter nahen Angehörigen
- Vermögensübertragungen im Rahmen einer Erbauseinandersetzung
- Zwangsversteigerungen
- Arrondierungsüberlegungen
- Liebhaberpreise

Gewöhnlicher Geschäftsverkehr erforderlich

Achten Sie auf die tatsächlichen Eigenschaften des Grundstücks. Gerade diese Unterschiede führen in der Praxis zu verschiedenen Werten. Vergleichen Sie immer nur Gleiches mit Gleichem.

Checkliste: Tatsächliche Eigenschaften eines Grundstücks

- Art der baulichen Nutzung
- Maß der baulichen Nutzung
- Größe des Grundstücks
- Zuschnitt des Grundstücks
- Bodenbeschaffenheit des Grundstücks
- Alter der Bauwerke
- Bauweise der Bauwerke
- Verwendungsmöglichkeiten der Gebäude

Eigenschaften eines Grundstücks

4. Verkehrswert-Schätzungen richtig interpretieren

Keine „Kurswerte"

Vergessen Sie nie, dass Grundstücke nicht wie andere Ware auf dem Ladentisch gehandelt werden. Zudem werden Grundstücke im Vergleich zu Aktien wesentlich seltener verkauft. Einen „Kurswert" werden Sie auch nicht annähernd feststellen können. Deshalb liegt der „Verkehrswert" eines Grundstücks manchmal etwas im Nebel. Stellen Sie deshalb keine überspitzten Anforderungen an das Ergebnis einer Verkehrswertschätzung. Es bleibt eine Schätzung.

Den wirklichen Verkehrswert kennen Sie erst dann, wenn das Grundstück tatsächlich verkauft worden ist. Erst dann liegt ein Kaufpreis vor, der den wirklichen Wert des Grundstücks auf dem örtlichen Wohnungsmarkt im Zeitpunkt des Verkaufs widerspiegelt. Wenige Monate nach diesem Zeitpunkt kann sich der Wert wieder völlig geändert haben, weil neue Verhältnisse auf dem örtlichen Grundstücksmarkt eingetreten sind.

Unterschiedliche Ergebnisse sind normal

Achtung: Ein anderes Phänomen könnte Sie ebenfalls verunsichern. Wenn mehrere professionelle Gutachter ein und dasselbe Grundstück bewerten, kommen sie oft zu völlig unterschiedlichen Ergebnissen. Besonders interessant wird dies, wenn im internationalen Raum tätige Sachverständige ein und dasselbe Grundstück bewerten. Lassen Sie sich davon nicht verunsichern.

Anlass der Bewertung entscheidend

Der Grund liegt nicht in einer ungenauen Arbeitsweise der professionellen Sachverständigen. Die Bandbreite der Ergebnisse hat ihre Ursache im so genannten „sachverständigen Ermessen". Je nach

- Auftragslage

- Bewertungsanlass

- Bewertungszweck

muss ein Sachverständiger sein Ermessen unterschiedlich ausüben. Verschiedene Ergebnisse sind die zwangsläufige Folge.

> **Beispiel:**
>
> Sie erteilen einem Sachverständigen den Auftrag, Ihre Immobilie zu bewerten, weil Sie das Grundstück verkaufen wollen. Sie interessieren sich in erster Linie dafür, zu welchem Preis Sie das Grundstück auf dem örtlichen Grundstücksmarkt verkaufen können. Dabei wollen Sie insbesondere wissen, zu welchem Preis Sie das Grundstück mindestens verkaufen müssen, um keinen wirtschaftlichen Verlust zu erleiden.

Der Sachverständige muss sich genau auf diesen Auftrag einstellen. Bei der Wertermittlung des Gutachters spielt für Sie also weniger eine Rolle, was das Grundstück „tatsächlich" wert ist. Sie wollen den Preis kennen, unter dem Sie das Grundstück nicht abgeben dürfen. Wenn das Gutachten diesen Wert liefert, können Sie den Rest Ihrem persönlichen Verhandlungsgeschick überlassen. Sie versuchen in den Verkaufsgesprächen natürlich einen wesentlich höheren Verkaufspreis zu erzielen, als der Gutachter Ihnen als unterstes Limit ausgerechnet hat. *Was will der Auftraggeber wissen?*

Wichtig: Wenn der Gutachter ein unteres Limit berechnen muss, kann dieser Wert von dem tatsächlichen Wert eines Grundstücks abweichen. Deshalb sind Abweichungen gegenüber Ergebnissen von anderen Sachverständigen ebenso denkbar.

Werten Sie die unterschiedlichen Ergebnisse von professionellen Sachverständigen unter verständiger Berücksichtigung der jeweiligen Auftragslage aus. Sie dürfen keineswegs nur müde abwinken und alles als bloße „Honorarschneiderei" abtun. Auf die unterschiedliche Auftragslage kommt es an.

Außerdem ist selbstverständlich auch die unterschiedliche Ausübung des sachverständigen Ermessens entscheidend. Häufig lie- *Sachverständiges Ermessen* gen Gebäude im Grenzbereich von verschiedenen Kategorien. Dann muss sich der Sachverständige für einen Weg entscheiden, der unter Umständen entscheidende Bedeutung für das Endergebnis haben kann.

Sie sind in der Lage, mit den Daten des Profi-Handbuchs die in der Praxis vorzufindenden Sachverständigengutachten so zu kontrollieren, dass Sie abschätzen können, in welche Richtung das sachverständige Ermessen ausgeübt worden ist. So sind Sie in der Lage, die Tendenzaussage eines Gutachtens richtig deuten zu können.

Wertgutachten als „unverbindliche Preisempfehlung"

Praxis-Tipp:

Das Ergebnis von Wertgutachten ist mit einer „unverbindlichen Preisempfehlung" zu vergleichen. Diesen Wert können Sie, Sie müssen ihn jedoch keineswegs bei einem Verkauf der Immobilie realisieren.

5. Was alles zum Grundstück gehört

Physikalische Bewertungseinheit bestimmen

Bevor Sie ein Grundstück überhaupt bewerten können, müssen Sie wissen, was alles zu dem Grundstück gehört. Im Regelfall dürfte es völlig unproblematisch sein, den Umfang des Grund und Bodens zu bestimmen. Auch die zu bewertenden Gebäude dürften normalerweise festliegen.

Dennoch dürfen Sie nicht übersehen, was in der Praxis häufig erst bei einer Bewertung festgestellt wird. Teilweise sind Grundstücke nach den rechtlichen Umständen größer oder kleiner als die Grundstückseigentümer annehmen.

Grundbuch und Kataster einsehen

Achtung: Nehmen Sie immer Einsicht in die Katasterunterlagen. Unentbehrlich ist für Sie auch das Grundbuch des Amtsgerichts. Denn nur dort ist zivilrechtlich verbindlich geregelt, wem ein Grundstück gehört und was genau dazu gehört. Das Grundbuchamt verwendet dabei die Flurbezeichnungen und die Angaben von Flurstücks-Nummern, die das Katasteramt in entsprechenden Flurkarten festgelegt und vergeben hat. Prüfen Sie im Zweifelsfall, ob die Grenzsteine auf dem Grundstück tatsächlich an der Stelle stehen, die sich aus der Flurkarte des Katasteramts ergibt.

Legen Sie den genauen Zeitpunkt Ihrer Wertermittlung fest. Es ist einfach unerlässlich, den Verkehrswert eines Grundstücks untrennbar mit einem bestimmten Zeitpunkt zu verbinden. Denn gerade der Verkehrswert ist dauernden Schwankungen des Grundstücksmarkts unterworfen und verändert sich in Abhängigkeit vom Bewertungszeitpunkt.

Zeitpunkt muss feststehen

6. Verschaffen Sie sich den Überblick: Kaufpreise sammeln

Konkrete Methoden zur Bewertung sind eine unentbehrliche Voraussetzung für Ihren Erfolg. Darüber hinaus brauchen Sie aber auch eine klare Orientierung, ob der regionale Grundstücksmarkt tendenziell zu Kaufpreisen führt, die oberhalb oder unterhalb der normalen Rechenergebnisse liegen. Sie müssen also die Abweichungen aufspüren, die in Ihrer Region den echten Verkehrswert bestimmen. Die beste Methode ist es, sich eine Kaufpreis-Sammlung anzulegen.

Regionale Abweichung aufspüren

Arbeiten Sie deshalb immer an Ihrer persönlichen Kaufpreis-Sammlung. Mit dieser Kaufpreis-Sammlung können Sie die durchschnittlich prozentuale Abweichung von den üblichen Bewertungsmethoden ermitteln. Das setzt eine ständige Pflege Ihrer Kaufpreis-Sammlung voraus.

Kaufpreis-Sammlung anlegen

Differenzieren Sie Ihre Kaufpreis-Sammlung nach Grundstücksarten. Wenn Sie innerhalb einer Grundstücksart viele Kaufpreise feststellen können, sollen Sie innerhalb der Grundstücksarten weiter nach der Größe der jeweiligen Immobilie differenzieren. Sofern in Ihrer Region

Nach Grundstücksarten differenzieren

also nicht nur Einfamilienhäuser mit einem Wert von rund 700.000 DM veräußert werden, sondern auch eine Vielzahl von Objekten mit einem Wert von über 1,2 Millionen DM, sollten Sie die beiden Einfamilienhausgruppen trennen. Haben Sie sich erst einmal auf eine Zielimmobilie eingestellt, sollten Sie bei Entscheidungen wieder alle Kaufpreise streichen, die Ihrer Zielimmobilie nicht entsprechen. Wollen Sie beispielsweise ein Einfamilienhaus in einer Größenordnung von 500.000 DM kaufen, können Sie aus Ihrer Kaufpreis-Sammlung nur Erkenntnisse ziehen, wenn Sie Kaufpreise für vergleichbare Objekte einbeziehen. Würden Sie auch hochpreisige Objekte mit in Ihre Auswertung einbeziehen, würden Sie Ihre Entscheidungsgrundlagen verfälschen.

Legen Sie Ihre Kaufpreis-Sammlung nach folgendem Muster an:

Mittelwert der Abweichung

Kaufpreis-Sammlung

Datum	Rechnerischer Wert	Tatsächlicher Kaufpreis	Abweichung	Abweichung in Prozent	Abweichung in Prozent (nicht ausgewertet)
Aug 1999	470.000 DM	495.000 DM	25.000 DM	5,05	
Sep 1999	630.000 DM	680.000 DM	50.000 DM	7,35	
Okt 1999	680.000 DM	710.000 DM	30.000 DM	4,23	
Okt 1999	340.000 DM	360.000 DM	20.000 DM	5,56	
Nov 1999	500.000 DM	540.000 DM	40.000 DM	7,41	
Feb 2000	580.000 DM	623.000 DM	43.000 DM	6,90	
Mai 2000	300.000 DM	330.000 DM	30.000 DM	9,09	
~~**Jun 2000**~~	~~1.000.000 DM~~	~~950.000 DM~~	~~50.000 DM~~		– 5,26
Jun 2000	520.000 DM	560.000 DM	40.000 DM	7,14	
Jul 2000	365.000 DM	380.000 DM	15.000 DM	3,95	
~~**Jul 2000**~~	~~970.000 DM~~	~~930.000 DM~~	~~40.000 DM~~		– 4,30
~~**Aug 2000**~~	~~1.300.000 DM~~	~~1.150.000 DM~~	~~150.000 DM~~		–13,04
Summe	4.385.000 DM	4.678.000 DM	293.000 DM		
Mittelwert der Abweichung in Prozent				**6,30**	

Erläuterungen zur Kaufpreis-Sammlung:

In der vorstehenden Liste sind die hochpreisigen Objekte wieder gestrichen worden, weil die prozentuale Abweichung untypisch für die Zielimmobilie ist. Die anvisierte Zielimmobilie wird in Ihrer Region oberhalb der Werte gehandelt, die sich nach den normalen Wertermittlungsmethoden ergeben.

Besondere Vorteile können Sie erzielen, wenn Sie die Liste mit Ihrem PC anlegen (siehe folgende Grafik). Die heutigen normalen Anwendungsprogramme erlauben mit wenigen Mouseklicks eine grafische Darstellung Ihrer Liste. Mit solchen grafischen Übersichten können Sie ganz leicht Ausreißer ausgrenzen. Damit erleichtern Sie sich Ihre Entscheidungen wesentlich. Legen Sie immer nur die durchschnittlichen Verhältnisse zu Grunde. Wenn starke Abweichungen von der üblichen Tendenz auftreten, liegen im Allgemeinen Besonderheiten vor, die den objektiven Wert einer Immobilie nicht beeinträchtigen.

Grafik einsetzen

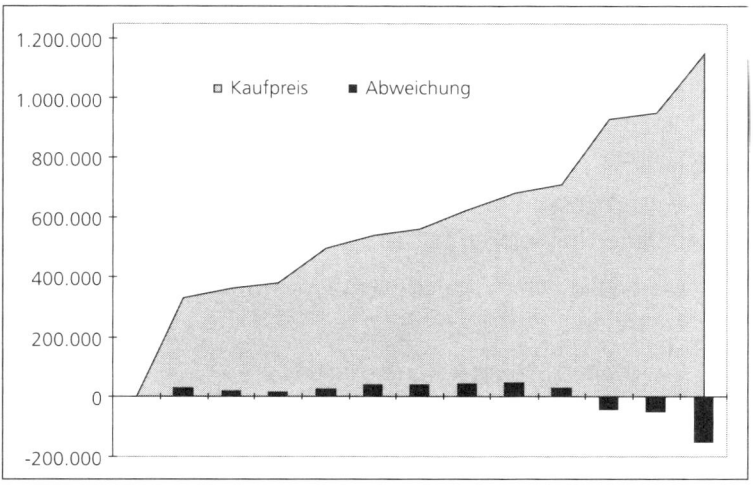

Ausreißer grafisch eliminieren

So finden Sie die Daten für Ihre Kaufpreis-Sammlung

Kaufpreis-Sammlung ist Anhaltspunkt

Sie brauchen die Kaufpreis-Sammlung als Anhaltspunkt. Sie verfolgen mit Ihrer Kaufpreis-Sammlung nicht das Ziel, einwandfreie Untersuchungen präsentieren zu wollen. Sie suchen lediglich die tendenzielle Abweichung der Kaufpreise Ihrer Region von den anerkannten Wertermittlungsmethoden.

Deshalb reicht es völlig aus, wenn Sie bei den Kaufpreisen den „möglichst genauen" Wert eintragen. Es ist unschädlich, wenn Sie den letztlich zwischen Verkäufer und Käufer erzielten Kaufpreis nicht kennen. Im Allgemeinen dürfte es sich nur um geringfügige Abweichungen handeln. Allerdings müssen Sie schon versuchen, den Kaufpreis möglichst genau zu ermitteln.

Ergründen Sie den Grundstücksmarkt

Das gelingt Ihnen nur, wenn Sie sich für die angebotenen Immobilien Ihrer Region interessieren. Sofern Sie die nachstehenden Tipps und Anregungen beachten, werden Sie Ihre persönliche Kaufpreis-Sammlung leicht mit Daten füllen können.

Checkliste: Kaufpreise sammeln

- Lesen Sie die Kauf- und Verkaufsanzeigen in Ihrer Tageszeitung.

- Versuchen Sie zu erfahren, zu welchem Kaufpreis die angebotenen Immobilien tatsächlich verkauft werden.

- Lassen Sie sich Prospektmaterial von Grundstückshändlern zusenden.

- Besichtigen Sie interessante Objekte.

- Kontrollieren Sie, ob bestimmte Immobilien immer wieder in den Inseraten der Presse auftauchen. Verfolgen Sie den Preisverfall bei diesen „Ladenhütern".

- Beobachten Sie die Verkehrswertermittlungen für Grundstücke bei Zwangsversteigerungen.

---

noch: Checkliste: Kaufpreise sammeln

- Lassen Sie sich vor einer Zwangsversteigerung das Verkehrswertgutachten der Immobilie zeigen. Fragen Sie beim Rechtspfleger Ihres Amtsgerichts nach.

- Besuchen Sie Termine von Zwangsversteigerungen, um den Wert festzustellen, zu dem Grundstücke tatsächlich den Eigentümer wechseln.

7. So viel kostet ein Sachverständigengutachten

Zweck bestimmt Umfang

Jede Arbeit hat ihren Preis. Auch ein Sachverständigengutachten. Entscheiden Sie, ob eine einfache, zielorientierte, methodische Berechnung des Immobilienwerts ausreicht oder ob Sie ein Gutachten brauchen, das sich über mehrere Seiten erstreckt. Diese Frage können Sie nur entscheiden, wenn Sie wissen, für welchen Zweck das Gutachten verwendet werden soll. In bestimmten Fällen können Sie auf ein formelles Gutachten nicht verzichten. Das gilt immer dann, wenn der Wert gewissermaßen „unbestechlich" sein muss. Dann geht kein Weg an einem förmlichen Gutachten vorbei.

Gutachten im Gerichtsverfahren

In diesen Fällen brauchen Sie sogar als Sachverständiger möglicherweise einen externen Gutachter. Das wäre beispielsweise der Fall, wenn Sie vor Gericht ein Gutachten in eigener Sache vorlegen wollten. Das Gericht würde dieses Gutachten im Zweifelsfall als bloße „Parteibehauptung" abtun.

Hier kommen Sie in der Praxis oft nur mit einem Gutachten des örtlichen Gutachterausschusses weiter. Das Gleiche gilt im Allgemeinen für ein Gutachten, das ein öffentlich bestellter und vereidigter Sachverständiger erstellt hat. Vor Gericht gibt es hierfür jedoch auch keine Garantie.

Achtung: In diesen Fällen brauchen Sie im Allgemeinen ein formelles Gutachten:

- Rechtsstreitigkeiten vor Gericht: Hier reichen subjektive Äußerungen und Mutmaßungen nicht aus. Sie brauchen ein formelles Sachverständigengutachten, das nicht als Parteigutachten abgelehnt werden kann.

- Der Wert einer sehr wertvollen Immobilie muss bestimmt werden und soll bei Vertragsverhandlungen bei weitem mehr sein, als nur eine „gute Diskussionsgrundlage".

Vom Nachweis bei der Steuer profitieren

- Innerhalb eines gesetzlich geregelten Verfahrens ist ein Gutachten vorgeschrieben. Das gilt beispielsweise bei der Erbschaft-/Schenkungsteuer: Hier können Sie den vom Finanzamt angesetzten Grundbesitzwert regelmäßig nur durch das Gutachten eines öffentlich bestellten und vereidigten Sachverständigen oder des örtlichen Gutachterausschusses entkräften.

- Vorweggenommene Erbfolgeregelungen oder Erbauseinandersetzungen sind ohne formelles Gutachten immer dann schlicht unmöglich, wenn die Erben zerstritten sind. Zwar ist ein formelles Gutachten nicht vorgeschrieben und treibt auch nur Kosten in die Höhe. Versuchen Sie in diesen Fällen aber lieber nicht, als Beteiligter ein „selbst gestricktes" Gutachten zu präsentieren. Erfahrungsgemäß wird der arme Rechenkünstler, zumindest aber das Gutachten, in der Luft zerrissen.

Kosten des Gutachtens

Gutachten muss sich rechnen

Die Kosten für ein formelles Gutachten dürfen unter dem Strich nicht die Vorteile aufzehren. Sofern Sie sich für ein formelles Gutachten entscheiden, sollten Sie vorher überlegen, ob sich die Kosten für das Gutachten lohnen.

Praxis-Tipp:

Das Honorar für ein Sachverständigengutachten hängt primär vom Verkehrswert der Immobilie ab. Zusätzlich muss der Sachverständige bei der Honorierung auch berücksichtigen, wie hoch sein Ermittlungsaufwand für das Gutachten ist und zu welcher Schwierigkeitsstufe das Gutachten gehört.

Beispiel:

Das Finanzamt stellt für eine Immobilie einen Grundbesitzwert fest, weil Sie das Grundstück verschenkt haben. Der Grundbesitzwert des Finanzamts erscheint Ihnen zu hoch. Deshalb räumt Ihnen das Steuerrecht ausdrücklich die Möglichkeit ein, den vom Finanzamt festgestellten Grundbesitzwert durch ein formelles Gutachten auszuhebeln.

Vorteile bei der Schenkungsteuer

Dazu brauchen Sie regelmäßig das Gutachten eines öffentlich bestellten und vereidigten Sachverständigen oder des örtlichen Gutachterausschusses. Die Kosten für ein derartiges Gutachten lohnen sich selbstverständlich nur, wenn Sie bei der Schenkungsteuer eine klare Einsparung erzielen können.

Verlangt das Finanzamt eine Schenkungsteuer von 6.000 DM und können Sie durch Vorlage eines Gutachtens die Schenkungsteuer lediglich auf 5.500 DM reduzieren, darf Ihr Gutachten maximal 500 DM kosten.

Wichtig: In diesen Fällen sollten Sie sofort auf das formelle Gutachten verzichten. Grund: Das Finanzamt muss das Gutachten nicht anerkennen; es hat keinen Grundlagencharakter. Sie können sich also nicht rechtsverbindlich auf das Gutachten berufen. Im Zweifelsfall würde das Finanzgericht entscheiden, ob das

Gutachten für das Finanzamt ohne Grundlagencharakter

Gutachten anzuerkennen ist. In solchen Grenzfällen könnte Ihre Belastung anschließend höher ausfallen als ohne formelles Gutachten.

Völlig anders liegt der Fall, wenn Sie die Möglichkeit haben, durch das Gutachten bei der Schenkungsteuer 10.000 DM zu sparen. Das ist überhaupt nicht abwegig, weil die Steuersätze der Erbschaftsteuer recht hoch sind. Deshalb kann hier das Gutachten gerne 3.000 DM oder mehr kosten. Die Einsparung bei der Erbschaftsteuer oder Schenkungsteuer ist dann immer noch genügend hoch. Sobald sich die Kosten für das Gutachten allerdings in einer Größenordnung um 8.000 DM bewegen, sollten Sie auch hier auf ein Gutachten verzichten.

Nutzen Sie die nachstehende Tabelle, um die anfallenden Sachverständigenkosten vorausschauend zu schätzen:

Durchschnitt-
liche Kosten

Durchschnittliche Kosten eines Gutachtens				
Verkehrswert des Grundstücks	**Normalstufe**		**Schwierigkeitsstufe**	
	von	**bis**	**von**	**bis**
50.000 DM	440 DM	570 DM	550 DM	850 DM
100.000 DM	640 DM	780 DM	760 DM	1.060 DM
150.000 DM	870 DM	1.070 DM	1.030 DM	1.450 DM
200.000 DM	1.080 DM	1.320 DM	1.280 DM	1.810 DM
250.000 DM	1.270 DM	1.550 DM	1.500 DM	2.110 DM
300.000 DM	1.440 DM	1.750 DM	1.700 DM	2.390 DM
350.000 DM	1.510 DM	1.850 DM	1.800 DM	2.520 DM
400.000 DM	1.720 DM	2.100 DM	2.030 DM	2.860 DM
450.000 DM	1.840 DM	2.240 DM	2.170 DM	3.060 DM
500.000 DM	1.930 DM	2.360 DM	2.290 DM	3.220 DM

noch: Durchschnittliche Kosten eines Gutachtens

Verkehrswert des Grundstücks	Normalstufe		Schwierigkeitsstufe	
	von	bis	von	bis
600.000 DM	2.120 DM	2.580 DM	2.500 DM	3.520 DM
700.000 DM	2.270 DM	2.760 DM	2.680 DM	3.770 DM
800.000 DM	2.380 DM	2.920 DM	2.810 DM	3.970 DM
900.000 DM	2.500 DM	3.050 DM	2.940 DM	4.150 DM
1.000.000 DM	2.600 DM	3.180 DM	3.080 DM	4.340 DM
1.500.000 DM	3.090 DM	3.780 DM	3.650 DM	5.160 DM
2.000.000 DM	3.510 DM	4.310 DM	4.160 DM	5.860 DM
2.500.000 DM	3.920 DM	4.780 DM	4.620 DM	6.510 DM
3.000.000 DM	4.280 DM	5.230 DM	5.040 DM	7.120 DM
3.500.000 DM	4.670 DM	5.700 DM	5.510 DM	7.760 DM
4.000.000 DM	4.960 DM	6.050 DM	5.840 DM	8.230 DM
4.500.000 DM	5.290 DM	6.430 DM	6.240 DM	8.790 DM
5.000.000 DM	5.670 DM	6.930 DM	6.720 DM	9.450 DM
6.000.000 DM	6.240 DM	7.620 DM	7.370 DM	10.400 DM
7.000.000 DM	6.840 DM	8.310 DM	8.090 DM	11.450 DM
8.000.000 DM	7.390 DM	9.070 DM	8.740 DM	12.390 DM
9.000.000 DM	8.130 DM	10.020 DM	9.640 DM	13.650 DM
10.000.000 DM	8.610 DM	10.500 DM	10.190 DM	14.390 DM
15.000.000 DM	11.340 DM	13.860 DM	13.440 DM	18.900 DM
20.000.000 DM	14.070 DM	17.010 DM	16.380 DM	23.310 DM
25.000.000 DM	16.590 DM	20.270 DM	19.740 DM	27.830 DM
30.000.000 DM	18.590 DM	22.680 DM	21.740 DM	30.560 DM
35.000.000 DM	21.000 DM	25.410 DM	24.680 DM	34.550 DM
40.000.000 DM	22.260 DM	27.300 DM	26.460 DM	37.380 DM
45.000.000 DM	24.570 DM	30.240 DM	29.300 DM	41.160 DM
50.000.000 DM	26.780 DM	33.080 DM	32.030 DM	45.150 DM

Kosten steigen nicht proportional

Die Schwankungsbreite der Sachverständigenkosten steigt nicht proportional. Orientieren Sie sich deshalb an der nachfolgenden grafischen Darstellung, damit Sie die Kostenlast möglichst realistisch einschätzen können.

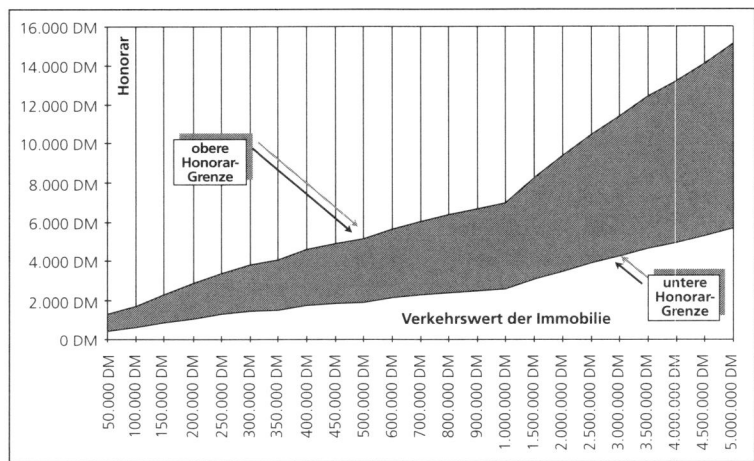

So bestimmen Sie die Schwierigkeitsstufe der Schätzung

Schwierigkeitsstufe entscheidend

Wichtig: Es gilt die allgemeine Regel: Das Sachverständigengutachten wird umso teurer, je verwinkelter und komplizierter das Gebäude gestaltet ist (= Schwierigkeitsstufen).

Normalstufe

Beispiel:

- ■ Herr Hofer will sein Zweifamilienhaus auf seine Tochter Anja übertragen. Seiner Tochter Nadine will er einen Geldbetrag schenken, der dem Wert des Zweifamilienhauses entspricht. Er schätzt den Wert des Hauses auf 800.000 DM. Er will auf jeden Fall sicherstellen, keine Tochter zu benachteiligen. Er überlegt deshalb, für das Zweifamilienhaus ein Wertgutachten eines Sachverständigen einzuholen.

Herr Hofer hat für das Zweifamilienhaus genaue Bauzeichnungen und Berechnungen. Das Grundstück ist rechtwinklig geschnitten, entspricht der üblichen Grundstücksgröße und hat ansonsten keinerlei Besonderheiten. Die Wertermittlung dürfte für den Gutachter deshalb sehr einfach sein und er wird die „Normalstufe" anwenden. Es kann davon ausgegangen werden, dass für das Gutachten zwischen 2.380 DM und 2.920 DM ausgegeben werden muss.

■ Herr Hofer will ein weiteres Zweifamilienhaus seinem Sohn Andreas, und seinem Schwiegersohn Alex 800.000 DM übertragen. Auch hier sollen beide Söhne wertmäßig in gleicher Höhe beschenkt werden. Allerdings verfügt das Zweifamilienhaus über versetzte Wohnebenen und viele schräge Wände. Eine Ermittlung des umbauten Raums liegt nicht vor. Es sind sehr unterschiedliche Baustoffe verwandt worden. Einzelne Teile des Gebäudes sind in unterschiedlichen Jahren bezugsfertig geworden.

Schwierigkeitsstufe

Der Sachverständige muss bei diesem Gutachten einen wesentlich höheren Ermittlungsaufwand leisten. Er wird das Gebäude in die „Schwierigkeitsstufe" einordnen. Für das Gutachten müssen zwischen 2.810 DM und 3.970 DM eingeplant werden.

Den letztlich verlangten Honorarbetrag können Sie selbstverständlich nicht im Voraus genau bestimmen. Wenn der Gutachter entgegen der ersten Annahme einen anderen Wert als 800.000 DM ermittelt, wird er selbstverständlich auch die dementsprechenden Gebührensätze bei der Honorarberechnung ansetzen.

Keine exakte Vorausplanung

Wäre die Immobilie in den vorangegangenen Beispielsfällen folglich letztlich 1.000.000 DM wert, wäre für das Gutachten in der Normalstufe zwischen 2.600 DM und 3.180 DM zu zahlen. In der Schwierigkeitsstufe würde das Gutachten zwischen 3.080 DM und 4.340 DM kosten.

> **Praxis-Tipp:**
>
> Bevor Sie einen Sachverständigen beauftragen, sollten Sie kalkulieren, ob sich das Gutachten für den Zweck lohnt. Gegebenenfalls sollten Sie Kosten sparen.

Freibeträge bei der Erbschaft-/ Schenkung- steuer

Wichtig: Versuchen Sie bei Schenkungen immer, möglichst wenig unmittelbar an Schwiegerkinder zu übertragen. Grund: Für Schwiegerkinder steht lediglich ein Freibetrag von 20.000 DM zu Verfügung. Schenken Sie dagegen etwas Ihrem eigenen Kind, können Sie einen Freibetrag von 400.000 DM nutzen. Sofern das beschenkte Kind die erhaltene Immobilie irgendwann seinem Ehegatten – also Ihrem Schwiegerkind – weiter verschenkt, kann zwischen den Eheleuten ein Freibetrag von 600.000 DM genutzt werden.

Dabei müssen Sie Ihrem Kind aber freien Entscheidungsspielraum lassen. Falls Sie eine „Kettenschenkung" aus steuerlichen Gesichtspunkten regelrecht „anweisen", spielt das Finanzamt verständlicherweise nicht mit. In diesem Fall nimmt das Finanzamt einen Missbrauch von Gestaltungsmöglichkeiten an. Folge: Keinen Steuervorteil. Machen Sie sich daher vorher kundig, da Sie sonst entgegen der gesetzlich vorgesehenen Erleichterungen schnell rund 65.000 DM Schenkungsteuer zu Unrecht an das Finanzamt zahlen.

Genaue Werte selbst berechnen

Erfahrung zählt

Sachverständigengutachten ohne einschlägige Erfahrung stehen oft auf tönernen Füßen, weil die Gefahr besteht, das Ermessen einseitig auszuüben. Versuchen Sie deshalb durch ständige Beobachtung des örtlichen Grundstücksmarkts Ihr Fingerspitzengefühl zu verbessern.

Realitäts- gerechte Werte

Allerdings werden Sie Ihre ermittelten Werte nie „beweisen" können. Denn bei jeder Wertermittlung bleiben Unsicherheiten. Es ist eine alte Erfahrung, dass die Auffassungen über den Wert eines

Grundstücks eklatant voneinander abweichen können. Das zeigen auch Rechtsstreitigkeiten vor den Gerichten. Unterschiedliche Auffassungen über den Wert eines Grundstücks sind gerade hier fast an der Tagesordnung. Vertrauen Sie deshalb ruhig Ihrer Berechnung. Sofern Sie Ihr Ermessen nicht einseitig ausüben und die fundierten Methoden dieses Profi-Handbuchs anwenden, werden Sie den Wert von Immobilien stets realitätsgemäß abbilden.

Kaufpreisschwankungen nicht vorhersehbar!

Lassen Sie sich auch nicht verunsichern, wenn die tatsächlich erzielten Kaufpreise selbst bei relativ vergleichbaren Grundstücken schwanken. Das kann viele Gründe haben. Dringt ein Käufer aus einer hochpreisigen Region in eine Gegend vor, in der relativ niedrige Bodenwerte gelten, zahlt er schnell überhöhte Preise. Subjektiv ist er der Auffassung, einen günstigen Preis zu zahlen. Häufig hat er aber nicht hinreichend genug recherchiert, weil er sich mit regionalen Bodenwerten nicht beschäftigt hat.

Kaufpreise schwanken

Dennoch schlagen sich derartige Kaufpreise ebenfalls in Ihrer persönlichen Kaufpreis-Sammlung nieder. Vergessen Sie deshalb nicht, dass die tatsächlichen Grundstücksübertragungen keinen unveränderlichen strengen Regeln unterliegen. Nicht alles kann mit mathematischen Formeln erfasst werden. Auch der Bundesgerichtshof vertritt die Auffassung, dass eine rechnerisch präzise Ermittlung des Verkehrswerts von Grundstücken erfahrungsgemäß im Allgemeinen sowieso nicht möglich sei. Folge: Der Verkehrswert ist das Ergebnis einer mehr oder weniger guten Schätzung, wobei Sie die Methode nie aus dem Auge verlieren dürfen.

Mathematische Formeln helfen nicht immer

Auf dem Prüfstand: Methoden der Wertermittlung

2

Wertermittlung

1. Diese Bewertungsmethoden müssen Sie unterscheiden!

Drei interessante Methoden

In der Wertermittlungslehre wird zwischen drei Methoden unterschieden. Grundsätzlich schließen sich diese drei Methoden gegenseitig aus. Allerdings gibt es Grundstücksarten, bei denen Sie in der Praxis nicht immer eindeutig entscheiden können, welchem Verfahren der Vorzug zu geben ist. Vor jeder Bewertung müssen Sie deshalb prüfen, welchem Verfahren das zu bewertende Objekt am meisten gerecht wird. Die Entscheidung hängt dabei von vielen Umständen, insbesondere der Art des Grundstücks, des konkreten Einzelfalls ab.

Diese Bewertungsmethoden müssen Sie unterscheiden:

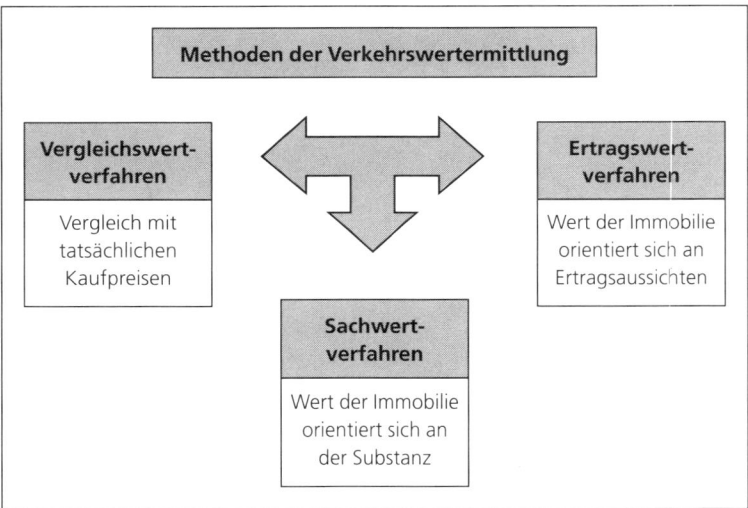

Keine Mittelwerte

Die Bewertungspraxis zeigt immer wieder ganz erhebliche Abgrenzungsschwierigkeiten zwischen den einzelnen Methoden. Das betrifft insbesondere das Sachwertverfahren und das Ertragswertverfahren. Lassen Sie sich jedoch nicht in den Sog des Theorien-

38

streits der Sachverständigen ziehen. Wägen Sie alle Merkmale der Immobilie unter Berücksichtigung des Zwecks der Wertermittlung ab und entscheiden Sie sich dann für eine Methode. Sie können zwar anschließend den Wert auch nach einer anderen Methode berechnen. Vermeiden Sie aber, einen Mittelwert zwischen beiden Methoden zu bilden. Das wäre absolut unprofessionell.

Praxis-Tipp:

Sofern Ihnen ein Sachverständiger mehrere Ergebnisse nebeneinander präsentiert und den Mittelwert als „einzig wahren" Verkehrswert anpreist, müssen Sie misstrauisch sein. Hier konnte oder wollte sich der Gutachter nicht für ein bestimmtes Verfahren entscheiden.

Die Schwierigkeit, ein Grundstück einer bestimmten Wertermittlungsmethode zuzuordnen, kann verschiedene Gründe haben:

- Die Immobilie ist ein sehr untypisches Objekt, das nicht in eine allgemeine Grundstücksart einzuordnen ist.

- Die Wertermittlung hat zum Ziel, den Verkehrswert in eine ganz bestimmte tendenzielle Richtung zu „schieben".

- Der Gutachter hat die veraltete Mittelwertmethode angewandt, ohne sich um die aktuellen Erkenntnisse der modernen Wertermittlungstheorie zu kümmern.

2. Wann welche Methode geeignet ist

Das Vergleichswertverfahren hat die oberste Anwendungspriorität. Allerdings scheidet diese Methode aus rein faktischen Gründen in den meisten Fällen aus. Lesen Sie dazu mehr in dem Kapitel über das Vergleichswertverfahren.

Vergleichswert-verfahren erste Wahl

Die Abgrenzung zwischen dem Ertragswert- und Sachwertverfahren erfolgt mit einer einfachen Fragestellung:

Ertrag oder Sachwert?

- Steht bei der Immobilie der Ertrag oder der Sachwert, die Substanz der Immobilie, im Vordergrund?

Ist der Ertrag eines Grundstücks entscheidend, muss das Ertragswertverfahren angewandt werden. Ansonsten geben Sie dem Sachwertverfahren den Vorzug.

Bewertungsverfahren richtig abgrenzen

Entscheiden Sie mit Hilfe der nachstehenden Checkliste, in welchem Verfahren Sie die Immobilie zu bewerten haben.

Checkliste: Wann welche Methode?		
Ihr Grundstück gehört zu folgender Grundstücksart	**Typisches Bewertungsverfahren**	
	Ertragswertverfahren	**Sachwertverfahren**
Bürogebäude	☒	☐
Eigentumswohnung	☒	☐
Einfamilienhaus	☐	☒
Fabrikgrundstück	☒	☒
Garagen neben einem Einfamilienhaus	☐	☒
Garagengrundstücke	☒	☐
Geschäftshaus in der City	☒	☐
Ladenräume	☒	☐
Lagerhallen	☒	☒
Landwirtschaftliche Nebenerwerbsstelle	☐	☒
Mietwohngrundstück	☒	☐
Sanatorien	☐	☒
Tankstellengrundstücke	☐	☒
Verwaltungsgebäude	☐	☒
Warenhausgrundstücke	☐	☒
Werkstätten	☐	☒
Wohngebäude im Außenbereich mit Nebengebäuden	☒	☒
Zweifamilienhaus	☐	☒

3. Was den Immobilienwert entscheidend beeinflusst

Lassen Sie die Berechnung des Grundstückswerts nicht einfach mit einem mathematischen Ergebnis enden. Setzen Sie Ihre Erkenntnisse des örtlichen Grundstücksmarkts profitabel ein. Versuchen Sie deshalb, den mit mathematischen Methoden gefundenen Wert im Licht der individuellen Umstände und Besonderheiten der Immobilie zu korrigieren. Sofern nicht innerhalb der Berechnungsmethoden hinreichende Korrekturen stattgefunden haben, steht am Ende Ihrer Berechnungen die Frage, ob angemessene Zu- oder Abschläge erforderlich sind.

Individuelle Korrekturen vornehmen

Folgende Umstände können den Wert Ihrer Immobilie entscheidend beeinflussen, wenn sie nicht bereits innerhalb der Bewertungsmethode ihren Niederschlag gefunden haben.

Umstände, die den Immobilienwert beeinflussen
■ Alter der Gebäude
■ Art der baulichen Nutzung
■ Bauweise des Gebäudes
■ Belastungen des Grundstücks, wie beispielsweise Belastung mit einem Wegerecht
■ Bodenbeschaffenheit. Ein sumpfiger Boden erfordert beispielsweise regelmäßig wesentlich höhere Gründungskosten
■ Größe des Grund und Bodens
■ Immissionen wie beispielsweise Kirchenglocken
■ Immissionen wie beispielsweise Lärm
■ Immissionen wie beispielsweise Straßenbahngeräusche
■ Immissionen wie beispielsweise wegen der Einflugschneise eines Flugplatzes

noch: Umstände, die den Immobilienwert beeinflussen

- Lage des Grundstücks, sofern sich Besonderheiten ergeben
- Maß der baulichen Nutzung
- Verwendungsmöglichkeiten der Gebäude
- Zuschnitt des Grund und Bodens

4. Warum Sie die Ergebnisse runden sollten

Ergebnisse runden

Ihr Gutachten wird nicht glaubwürdiger, wenn Sie das Ergebnis stolz mit vielen Stellen hinter dem Komma präsentieren. Wichtig ist, die richtigen Bewertungsmethoden angewandt zu haben. Entscheidend ist ferner, dass Sie Ihr sachverständiges Ermessen in der zutreffenden Bandbreite und richtigen Tendenz ausgeübt haben.

Lassen Sie deshalb das von Ihnen berechnete Ergebnis nicht auf den Pfennig genau stehen. Runden Sie das Ergebnis nach oben oder unten ab. Wenden Sie die folgenden allgemeinen Rundungsregeln an:

Runden Sie	auf einen vollen	Beispiel
Beträge bis 10.000 DM	**Hunderter**	10.520 DM ⇨ 10.500 DM
Beträge über 10.000 DM bis 500.000 DM	**Tausender**	50.934 DM ⇨ 51.000 DM
Beträge über 500.000 DM bis 1.000.000 DM	**Zehntausender**	753.000 DM ⇨ 750.000 DM
Beträge über 1.000.000 DM	**Hunderttausender**	1.620.000 DM ⇨ 1.600.000 DM

Vergleichswertverfahren

3

Vergleichswertverfahren

1. So ermitteln Sie den Vergleichswert

Vergleichswert-
verfahren
liefert optimale
Werte

Idealmethode für jede Immobilienbewertung ist das Vergleichswertverfahren. Insofern nimmt es unter den drei Bewertungsverfahren eine Sonderstellung ein. Das gilt jedoch nur in der Theorie. Praktisch sind die Voraussetzungen für das Vergleichswertverfahren nur selten erfüllt. Sofern Sie alle Daten des Vergleichswertverfahrens beschaffen können, haben Sie jedoch die Gewähr für optimale Werte.

Vergleichspreis

Das Vergleichswertverfahren hat eine einfache Methode: Vergleichen Sie die Zielimmobilie mit einer Immobilie, für die in zeitlicher Nähe ein tatsächlicher Kaufpreis erzielt worden ist.

Vergleich-
barkeit
notwendig

Wichtig: Dieser Vergleich ist nur dann aussagekräftig, wenn die Grundstücke miteinander vergleichbar sind.

Beispiel:

Sie wollen den Wert eines unbebauten Baugrundstücks ermitteln. Das Grundstück steht zum Verkauf an. Es ist rechtwinklig geschnitten und 600 Quadratmeter groß. Ein in unmittelbarer Nachbarschaft gelegenes unbebautes Baugrundstück ist vor wenigen Tagen für 120.000 DM verkauft worden. Auch das Nachbargrundstück ist rechtwinklig geschnitten und 600 Quadratmeter groß.

Es leuchtet unmittelbar ein, dass die Zielimmobilie – genau wie das vergleichbare Grundstück – 120.000 DM wert ist.

Ein unmittelbarer Vergleich mit anderen Grundstücken scheidet in der Praxis oft deshalb aus, weil Grundstücke entweder nicht miteinander vergleichbar sind oder tatsächliche Kaufpreise einfach nicht vorliegen.

2. Vergleichswertverfahren bei unbebauten Grundstücken

Für unbebaute Grundstücke werden Sie in vielen Fällen das Vergleichswertverfahren anwenden. Denn hier ist die Voraussetzung, ein vergleichbares Grundstück zu finden, relativ leicht und oft erfüllt.

Häufig bei unbebauten Grundstücken

Dennoch müssen Sie auch bei unbebauten Grundstücken prüfen, ob die Grundstücke tatsächlich miteinander vergleichbar sind. Dazu können Sie die folgende Checkliste nutzen.

Checkliste: Unbebaute Grundstücke		
Diese Merkmale der zu vergleichenden Grundstücke stimmen überein …	**ja**	**nein**
Lage	☐	☐
Größe	☐	☐
Bauliche Nutzbarkeit	☐	☐
Bauliche Ausnutzungsmöglichkeiten	☐	☐
Maß der zulässigen baulichen Nutzung	☐	☐
Grundstückstiefe	☐	☐
Erschließungszustand	☐	☐

Natürlich können in der Praxis noch weitere Abweichungen auftreten. Dabei sind nicht alle Unterschiede so gravierend, dass der Vergleich verschiedener Immobilien grundsätzlich ausgeschlossen wäre. Kleinere Abweichungen können Sie im Einzelfall durch entsprechende Zu- oder Abschläge berücksichtigen. Sind die Abweichungen gravierend, scheidet das Vergleichswertverfahren auf jeden Fall aus.

Gravierende Abweichungen

Stellen Sie mit den nachstehenden Prüfkriterien fest, ob so viele Abweichungen vorliegen, dass eine Anwendung des Vergleichswertverfahrens im Einzelfall ausgeschlossen ist.

Prüfkriterien		
Es ergeben sich Abweichungen bei den folgenden Merkmalen ...	**ja**	**nein**
Ecklage des Grundstücks an zwei Straßen	☐	☐
Zuschnitt des Grundstücks	☐	☐
Oberflächenbeschaffenheit des Grundstücks	☐	☐
Beschaffenheit des Baugrundes	☐	☐
Beeinträchtigungen durch Lärm	☐	☐
Beeinträchtigungen durch Staub	☐	☐
Beeinträchtigungen durch Rauch	☐	☐
Beeinträchtigungen durch Gerüche	☐	☐
Auf dem Grundstück befinden sich Altlasten wie beispielsweise Verunreinigungen des Grund und Bodens mit Chemikalien	☐	☐
Grunddienstbarkeiten	☐	☐
Zugang zum Grundstück	☐	☐

3. Vergleichswertverfahren bei bebauten Grundstücken

Vergleichswerte bei bebauten Grundstücken selten

Der Idealzustand für das Vergleichswertverfahren liegt bei bebauten Grundstücken selten vor. Die einzelnen baulichen Gestaltungen sind einfach zu unterschiedlich. Deshalb kann ein bebautes Grundstück nur selten mit einem anderen bebauten Grundstück unmittelbar verglichen werden. Bereits geringe Abweichungen zwischen bebauten Grundstücken führen in der Praxis zu erheblichen Wertabweichungen. Deshalb scheidet das Vergleichswertverfahren bei bebauten Grundstücken viel schneller aus.

Prüfen Sie aber auch mit der nachstehenden Checkliste, ob das Vergleichswertverfahren bei einem bebauten Grundstück dennoch angewandt werden kann. In der Checkliste aufgeführte Merkmale sind Anhaltspunkte, die Ihnen die Entscheidung erleichtern sollen, ob sich Gebäude in wesentlichen Merkmalen unterscheiden.

Checkliste: Bebaute Grundstücke			
Abweichung bei folgenden Merkmalen zwischen den Vergleichsgrundstücken	**Vergleichswertverfahren**		
	noch möglich	**zweifelhaft**	**nicht möglich**
Die Gestaltung des Grundrisses weist gravierende Unterschiede auf	☐	☒	☐
Die Wohnflächen weichen in der Größe voneinander erheblich ab	☐	☐	☒
Das Grundstück liegt in Wohngegenden mit unterschiedlichem Wohnwertniveau	☐	☐	☒
Die Lage des Grundstücks ist unterschiedlich	☐	☐	☒
Die Größe des Grund und Bodens weicht geringfügig ab	☒	☐	☐
Die Zimmerzahl ist unterschiedlich	☐	☒	☐
Die Anzahl der Geschosse ist unterschiedlich	☐	☒	☐
Die festgestellten Kaufpreise liegen nicht in zeitlicher Nähe zum Bewertungszeitpunkt	☐	☐	☒
In den Gebäuden sind in unterschiedlichen Jahren Schönheitsreparaturen durchgeführt worden	☒	☐	☐

noch: Checkliste: Bebaute Grundstücke

Abweichung bei folgenden Merkmalen zwischen den Vergleichsgrundstücken	Vergleichswertverfahren		
	noch möglich	zweifel- haft	nicht möglich
Das Vergleichsgrundstück ist nicht durchgreifend modernisiert worden	☐	☒	☐
Die Gebäude sind in völlig verschiedenen Baujahren errichtet worden	☐	☐	☒
Die Gebäudeausstattung ist völlig unterschiedlich (Deckenvertäfelung, Isolierverglasung, Sanitärausstattung, Elektroanlagen, Heizungsinstallation)	☐	☐	☒

Bei Eigentumswohnungen beste Ergebnisse

Bei Reihenhäusern und Eigentumswohnungen werden Sie mit dem Vergleichswertverfahren beste Ergebnisse erzielen. Gerade bei diesen Grundstückstypen spielen individuelle Besonderheiten kaum eine Rolle. Wichtig ist dabei nur, dass der bauliche Zustand vergleichbar ist. Individuelle Merkmale, wie eine Deckenverkleidung im Keller, werden den Verkehrswert einer Immobilie kaum beeinträchtigen.

Besichtigen Sie Immobilien

Praxis-Tipp:

Gerade beim Vergleichswertverfahren profitieren Sie ganz erheblich von Ihrer persönlichen Kaufpreis-Sammlung (siehe Seite 23 ff.). Versuchen Sie deshalb, Ihre eigene Sammlung zielgenau und zeitnah aufzustellen. Besichtigen Sie ruhig auch einmal das eine oder andere interessante Objekt. Denn die in Inseraten abgedruckten Preisvorstellungen werden im Grundstücksverkehr meistens nicht verwirklicht. Analysieren und verfolgen Sie deshalb den Immobilienmarkt aktiv, damit Sie vernünftige Vergleichswerte zur Verfügung haben.

4. Typische Grundstücksarten für das Vergleichswertverfahren

Wenn Sie eine brauchbare Vergleichsimmobilie ausfindig gemacht haben, werden Sie mit keinem anderen Verfahren zu realistischeren Werten kommen. Genau diese Vergleichsimmobilie brauchen Sie jedoch. Die Erfahrung zeigt immer wieder, dass es ganz bestimmte Grundstückstypen gibt, die für das Vergleichswertverfahren prädestiniert sind. Das liegt an den charakteristischen Merkmalen dieser Grundstückstypen, die leicht und oft übereinstimmen.

Vergleichs-immobilien erkennen

Nutzen Sie die nachstehende Checkliste, um zu prüfen, ob Sie für diese Grundstückstypen Vergleichsimmobilien mit entsprechenden Kaufpreisen kennen.

Checkliste: Grundstücksarten		
Vergleichsimmobilien mit tatsächlichen Kaufpreisen	**Das Vergleichswert-verfahren ist anwendbar**	
	ja	nein
Unbebaute Grundstücke	☒	☐
Eigentumswohnungen	☒	☐
Reihenhäuser	☒	☐
Doppelhäuser	☒	☐
Gleichartige Siedlungshäuser	☒	☐
Wohnblöcke von Wohnungs-unternehmen	☒	☐

5. Vergleichswertverfahren bei Eigentumswohnungen

Eigentums-
wohnungen
separat
sammeln

Gerade bei Eigentumswohnungen sollten Sie immer versuchen, das Vergleichswertverfahren anzuwenden. Legen Sie deshalb für Eigentumswohnungen eine separate Kaufpreis-Sammlung an.

Häufig befinden sich Eigentumswohnungen in ganzen Siedlungen, die in einem Zug errichtet worden sind. Üblicherweise vergleicht man den Wert von Eigentumswohnungen, indem man den Verkehrswert pro Quadratmeter Wohnfläche berechnet.

Praxis-Tipp:

Konzentrieren Sie sich auf den Kaufpreis pro Quadratmeter Wohnfläche.

Beispiel:

Sie wollen eine Eigentumswohnung innerhalb eines Gebäudes mit insgesamt 20 Wohnungen kaufen. Sie wissen, dass eine dieser Eigentumswohnungen in dem Gebäudekomplex vor drei Monaten verkauft worden ist. Der Käufer hat 450.000 DM gezahlt.

Kurze Zeit-
spannen im
Immobilien-
geschäft
unwesentlich

Dieser Kaufpreis ist für Sie der beste Anhaltspunkt für den Wert der Eigentumswohnung. Das ergibt sich durch den direkten Vergleich der beiden Wohnungen und den erzielten Kaufpreis für die andere Eigentumswohnung. Der Tatsache, dass der Kaufpreis bereits vor drei Monaten erzielt worden ist, brauchen Sie keine besondere Bedeutung beimessen, weil derartig kurze Zeitspannen im Immobiliengeschäft nur unwesentlich sind.

In der Praxis werden Sie vor Abschluss des Kaufvertrags allerdings genau prüfen, ob Ihre Eigentumswohnung tatsächlich genauso ausgestattet ist wie die Wohnung, die vor drei Monaten verkauft worden ist. Insbesondere sind die Wohnungsgröße und die Lage innerhalb des Gebäudes entscheidend.

Ausstattung vergleichen

Auch der bauliche Zustand der Wohnung ist für Sie von entscheidender Bedeutung. Denn es ist ein deutlicher Unterschied, ob die Eigentumswohnung „verwohnt" ist und der Putz von den Wänden fällt oder ob eine gepflegte und intakte Ausstattung vorliegt. Richten Sie sich bei der Vergleichbarkeit von Eigentumswohnungen nach den Ausstattungsmerkmalen, die in der nachstehenden Checkliste genannt sind.

Auf den baulichen Zustand achten

Checkliste: Ausstattungsmerkmale		
Die Ausstattung der Vergleichs- wohnung ist identisch	**ja**	**nein**
Hochwertige Deckenvertäfelung	☐	☐
Allgemeiner baulicher Zustand	☐	☐
Schönheitsreparaturen regelmäßig durchgeführt	☐	☐
Zustand der Heizungsanlage	☐	☐
Zustand der Fenster	☐	☐
Zustand und Ausführung der Innentüren	☐	☐
Wertvolle Holzwandverkleidungen	☐	☐
Sanitäreinrichtungen	☐	☐
Elektroinstallation zeitgemäß	☐	☐
Nachrichtentechnik zeitgemäß	☐	☐

6. Berechnungsmethode

Bei unbebauten Grundstücken

Preis der Vergleichsimmobilie ansetzen

Sind für ein unbebautes Grundstück 450.000 DM als Kaufpreis gezahlt worden, ergibt sich für eine Vergleichsimmobilie derselbe Wert, wenn die Vergleichsimmobilie in den wesentlichen Merkmalen mit dem verkauften Grundstück übereinstimmt. Weitere Berechnungen sind grundsätzlich nicht erforderlich. Die Vergleichsimmobilie ist ebenfalls mit 450.000 DM anzusetzen.

Beachten Sie, dass diese unmittelbare Übernahme des Kaufpreises nur dann möglich ist, wenn die Vergleichsimmobilie in allen Details und wesentlichen Merkmalen übereinstimmt.

Dazu gehören insbesondere die Grundstücksgröße, die Lage sowie der Zuschnitt und die bauliche Ausnutzbarkeit des Grundstücks.

Modifizierte Form

Diesen Idealzustand werden Sie nur in Ausnahmefällen erreichen. Wesentlich häufiger können Sie das Vergleichswertverfahren in etwas modifizierter Form auch anwenden. Dies ist der Fall, wenn die physikalischen Größen eines unbebauten Grundstücks voneinander abweichen und die Differenz nicht allzu groß ist.

Umrechnung des Vergleichspreises

Ist beispielsweise ein unbebautes Grundstück für 200.000 DM verkauft worden und 500 Quadratmeter groß, können Sie eine andere Immobilie ebenfalls unter Berücksichtigung dieses Kaufpreises bewerten. Dabei ist vorauszusetzen, dass das Grundstück sich in einer vergleichbaren Lage befindet und in gleicher Weise baulich ausnutzbar ist. Außerdem muss die Grundstücksgröße vergleichbar sein. Wollen Sie also ein Grundstück bewerten, das nur 470 Quadratmeter groß ist, müssen Sie den zuvor gezahlten Kaufpreis für das 500 Quadratmeter große Grundstück umrechnen.

Demzufolge ergibt sich für Ihr Grundstück folgender Wert:

$$\frac{200.000 \text{ DM}}{500 \text{ qm}} \quad \text{x } 470 \text{ qm } = \ 188.000 \text{ DM}$$

Bei bebauten Grundstücken

Bei bebauten Grundstücken brauchen Sie Vergleichsobjekte, die in allen wesentlichen Merkmalen mit der Zielimmobilie übereinstimmen. Dazu gehören insbesondere

Merkmale abgleichen

- Wohnfläche

- Grundstücksgröße

- Alter

- Lage

- Bauweise

- Ausstattung

des Grundstücks. Diese Voraussetzung werden Sie am meisten bei Reihenhäusern und Eigentumswohnungen vorfinden.

Sofern vergleichbare Reihenhäuser bewertet werden sollen und Sie für ein Reihenhaus einen erzielten Kaufpreis kennen, legen Sie denselben Wert bei der Vergleichsimmobilie zu Grunde.

Vergleichspreis übernehmen

Auch diese Voraussetzung werden Sie nur in seltenen Fällen vorfinden. Versuchen Sie deshalb, mit einem modifizierten Vergleichswertverfahren für bebaute Grundstücke weiterzukommen. Das gelingt Ihnen nur dann zuverlässig, wenn alle wesentlichen Merkmale des Grundstücks übereinstimmen. Das wird in der Bewertungspraxis allenfalls bei Eigentumswohnungen noch häufig anzutreffen sein.

Modifiziertes Vergleichswertverfahren

Beispiel:

Sofern Sie den Kaufpreis für eine 80 Quadratmeter große Eigentumswohnung festgestellt haben, und eine nur 75 Quadratmeter große Eigentumswohnung bewerten wollen, müssen Sie den erzielten Kaufpreis entsprechend der unterschiedlichen Wohnungsgrößen umrechnen.

Beträgt der Kaufpreis für die 80 Quadratmeter große Eigentumswohnung 320.000 DM, rechnen Sie wie folgt:

$$\frac{320.000 \text{ DM}}{80 \text{ qm}} \text{ x } 75 \text{ qm } = 300.000 \text{ DM}$$

Wenden Sie bei Eigentumswohnungen die folgende allgemeine Formel an:

Wohnfläche der Eigentums- wohnung in Quadratmeter	x	Preis pro Quadrat- meter Wohnfläche

Das Ergebnis ist der Wert der Eigentumswohnung.

Leiten Sie den Preis pro Quadratmeter Wohnfläche für die Eigentumswohnung aus Ihrer persönlichen Kaufpreis-Sammlung ab. Diese Bewertungsmethode ist ebenfalls eine modifizierte Form des Vergleichswertverfahrens.

Kaufpreis pro Quadratmeter sammeln

Beispiel:

Sie wollen eine Eigentumswohnung kaufen. Aus Ihrer persönlichen Kaufpreis-Sammlung für Eigentumswohnungen ergibt sich ein durchschnittlicher Kaufpreis pro Quadratmeter von 3.200 DM/qm. Sofern Sie eine Eigentumswohnung mit einer Wohnfläche von 80 qm kaufen wollen, beträgt der Verkehrswert

3.200 DM/qm x 80 qm =   256.000 DM.

Legen Sie für Eigentumswohnungen folgende Kaufpreis-Sammlung an.

Mittelwert für Eigentumswohnungen berechnen

Kaufpreis-Sammlung für Eigentumswohnungen			
Datum	Kaufpreis Eigentums-wohnung	Wohnfläche der Eigentums-wohnung	Wert der Eigentumswohnung
Nov 1999	288.000 DM	90 qm	3.200 DM/qm Wohnfläche
Feb 2000	321.360 DM	103 qm	3.120 DM/qm Wohnfläche
März 2000	241.900 DM	82 qm	2.950 DM/qm Wohnfläche
Jun 2000	251.750 DM	95 qm	2.650 DM/qm Wohnfläche
Jun 2000	153.295 DM	43 qm	3.565 DM/qm Wohnfläche
Jul 2000	359.625 DM	125 qm	2.877 DM/qm Wohnfläche
Jul 2000	339.939 DM	107 qm	3.177 DM/qm Wohnfläche
Aug 2000	325.000 DM	100 qm	3.250 DM/qm Wohnfläche
Aug 2000	260.833 DM	97 qm	2.689 DM/qm Wohnfläche
Sep 2000	159.835 DM	65 qm	2.459 DM/qm Wohnfläche
Okt 2000	228.310 DM	79 qm	2.890 DM/qm Wohnfläche
Okt 2000	161.664 DM	48 qm	3.368 DM/qm Wohnfläche
Summe	2.803.511 DM	944 qm	
Mittelwert für Eigentumswohnungen	⇨		3.016 DM/qm Wohnfläche

Ertragswertverfahren

4

Ertragswertverfahren

1. Die Hausmakler-Formel

Ertrag wert-
bestimmend

Orientiert sich der Wert einer Immobilie in erster Linie am Ertrag, steht die Bewertungsmethode fest: Wenden Sie das Ertragswertverfahren an. Sofern Sie sich nicht sicher sind, ob das Ertragswertverfahren oder Sachwertverfahren anzuwenden ist, schauen Sie in die entsprechende Checkliste auf Seite 40.

Es gibt
verschiedene
Ertragswert-
verfahren –
genaue und
ungenaue

In der Praxis findet man heute noch die so genannte „Hausmakler-Formel", bei der Sie den Rohertrag eines Grundstücks mit einem ortsüblichen Faktor multiplizieren.

Beispiel: _____

Sie wollen ein Mietwohngrundstück bewerten, das einen jährlichen Rohertrag von 45.000 DM erbringt. In der Gemeinde sind nach entsprechenden Untersuchungen Faktoren zwischen 8 und 18 maßgebend. Befindet sich das Mietwohngrundstück in einer mittleren Wohnlage und verfügt es über eine übliche Ausstattung, dürfte ein Faktor von 14 zutreffend sein.

Sie berechnen den Grundstückswert nach der Hausmakler-Formel wie folgt:

45.000 DM x 14 = 630.000 DM.

Grobe
Schätzung für
Verhandlungs-
basis

Eins steht von vornherein fest: Die Hausmakler-Formel ist eine sehr grobe Schätzung. Im Allgemeinen hilft Ihnen die Hausmakler-Formel nur, um blitzschnell eine Verhandlungsbasis zu finden. Der Rohertrag ist jedoch nicht geeignet, den Wert eines Grundstücks zuverlässig zu bestimmen.

Nur Reinerträge
aussagekräftig

Der Grund ist auch verständlich: Ältere Gebäude erfordern regelmäßig höhere Bewirtschaftungskosten, so dass die Reinerträge von Grundstücken sehr unterschiedlich sein können. Deshalb muss – gerade wenn es auf den Ertrag der Immobilie ankommt – der Ertrag entscheidend sein, der sich nach Abzug der Bewirtschaftungskosten ergibt.

Praxis-Tipp:

Auch wenn die Hausmakler-Formel nur eine grobe Schätzung ist, sollten Sie für schnelle Überlegungen und Entscheidungen die ortsüblichen Faktoren berücksichtigen, mit denen Sie den Rohertrag multiplizieren müssen. Das gelingt Ihnen recht leicht, wenn Sie sich auf eine bestimmte Grundstücksart konzentrieren.

Wichtig: Legen Sie sich eine Liste an, in der Sie alle Immobilien eintragen, die in Ihrer Region angeboten werden. Verfolgen Sie den Grundstücksmarkt aktiv. Sofern Ihnen einzelne Daten nicht bekannt sind, fragen Sie einfach nach. Schließlich sollen die angebotenen Immobilien verkauft werden. Deshalb hat der Grundstücksverkäufer regelmäßig ein Interesse, Ihnen die Einzeldaten des Grundstücks zu liefern. Legen Sie folgende Tabelle an:

Liste: Mietwohngrundstücke im Ortsteil Musterstadt					
1	2	3	4	5	6
Lage	Verlangter Kaufpreis in DM	Wohn-/ Nutzfläche insgesamt	Mietwert pro qm	Jährlicher Rohertrag[1]	Faktor[2]
Blumenstr. 2a	800.000,00	500 qm	10,00 DM	60.000,00 DM	13,3
Rosenstr. 136	650.000,00	400 qm	11,00 DM	52.800,00 DM	12,3
Lilienstr. 27	980.000,00	800 qm	8,00 DM	76.800,00 DM	12,8
Tulpenweg 65	1.200.000,00	850 qm	9,00 DM	91.800,00 DM	13,1
Nelkenstr. 7	700.000,00	450 qm	9,50 DM	51.300,00 DM	13,6
Ahornweg 2	820.000,00	660 qm	8,50 DM	67.320,00 DM	12,2
Mittelwert					**12,9**

[1] Jährlicher Rohertrag = Spalte 3 x Spalte 4 x 12

[2] Faktor = $\dfrac{\text{Spalte 2}}{\text{Spalte 5}}$

Auch wenn die von Ihnen berechneten Faktoren dicht beieinander liegen, müssen Sie sich immer im Klaren sein, dass die Hausmakler-Formel eine grobe Schätzung ist. Der Grund ist einleuchtend: Sie suchen den Zeitwert eines Grundstücks, wobei ein Teil des Ertrags zeitlich begrenzt und ein anderer Teil des Ertrags zeitlich unbefristet ist. Denn nur die Gebäude unterliegen einem Wertverzehr. Der Grund und Boden bleibt in seiner Substanz erhalten und steigt im Allgemeinen im Wert.

2. Professionelles Ertragswertverfahren

Zwei Komponenten beim Ertragswertverfahren

Das echte Ertragswertverfahren ist nur scheinbar komplizierter. Im Grunde setzt sich auch hier der Grundstückswert aus zwei Komponenten zusammen. Addieren Sie den Bodenwert und den Wert der baulichen Anlagen. Ermitteln Sie zunächst beide Werte getrennt. Fassen Sie am Schluss der Wertermittlung beide Werte zum Grundstückswert zusammen.

Kein Ertragswertverfahren beim Ein- oder Zweifamilienhaus

Wichtig: Für Ihr Einfamilienhaus oder Zweifamilienhaus ist das Ertragswertverfahren nicht anwendbar. Grund: Ein- und Zweifamilienhäuser sind keine typischen Ertragsobjekte. Der Wert von Ein- und Zweifamilienhäusern orientiert sich vielmehr an der Substanz dieser Immobilien, also am Wert der Sache. Deshalb bewerten Gutachter Einfamilienhäuser und Zweifamilienhäuser im Sachwertverfahren.

Mietwohngrundstücke sind dagegen regelmäßig keine Sachwertobjekte, sondern im Ertragswertverfahren zu bewerten. Dennoch kann es in Einzelfällen auch sinnvoll sein, Mietwohngrundstücke im Sachwertverfahren zu bewerten. Das ist beispielsweise erforderlich, wenn Sie sich bei einem Mietwohngrundstück für den reinen Substanzwert der Immobilie interessieren.

Gehen Sie bei der Bewertung im Ertragswertverfahren in drei Schritten vor.

- Ermitteln Sie zunächst den Bodenwert (siehe unten).

- Anschließend ermitteln Sie den Wert der baulichen Anlage (siehe unten).

- Addieren Sie beide Werte und passen Sie das Ergebnis mit Hilfe Ihrer persönlichen Kaufpreis-Sammlung an den Verkehrswert an.

3. So ermitteln Sie den Bodenwert

Den Bodenwert berechnen Sie entweder im Vergleichswertverfahren oder wie bei der Bewertung eines unbebauten Grundstücks. Es gilt folgende Formel:

Bodenwert-Formel

Fläche des Grundstücks in Quadratmeter	x	Bodenrichtwert pro Quadratmeter

Lesen Sie mehr zum Bodenwert in dem Kapitel über das Sachwertverfahren auf Seite 100. Die Berechnung ist identisch.

4. So bestimmen Sie den Wert der baulichen Anlagen

Beim Ertragswertverfahren ist das wesentliche Element der nachhaltig erzielbare jährliche Reinertrag. Dieser entspricht dem Rohertrag nach Abzug der Bewirtschaftungskosten.

Jährlicher Reinertrag

Ziehen Sie vom Reinertrag des Grundstücks den so genannten Verzinsungsbetrag des Bodenwerts ab. Die Verzinsung entspricht dem jeweiligen so genannten Liegenschaftszinssatz.

Verzinsungsbetrag des Bodenwerts abziehen

Der verbleibende Reinertrag der baulichen Anlagen wird als Jahresbetrag mit dem maßgebenden Vervielfältiger multipliziert, der von der Restnutzungsdauer und dem jeweils geltenden Liegenschaftszinssatz abhängt.

Mit Vervielfältiger multiplizieren

5. Das Ertragswertverfahren auf einen Blick

Orientieren Sie sich bei der Bewertung im Ertragswertverfahren an der nachstehenden Übersicht:

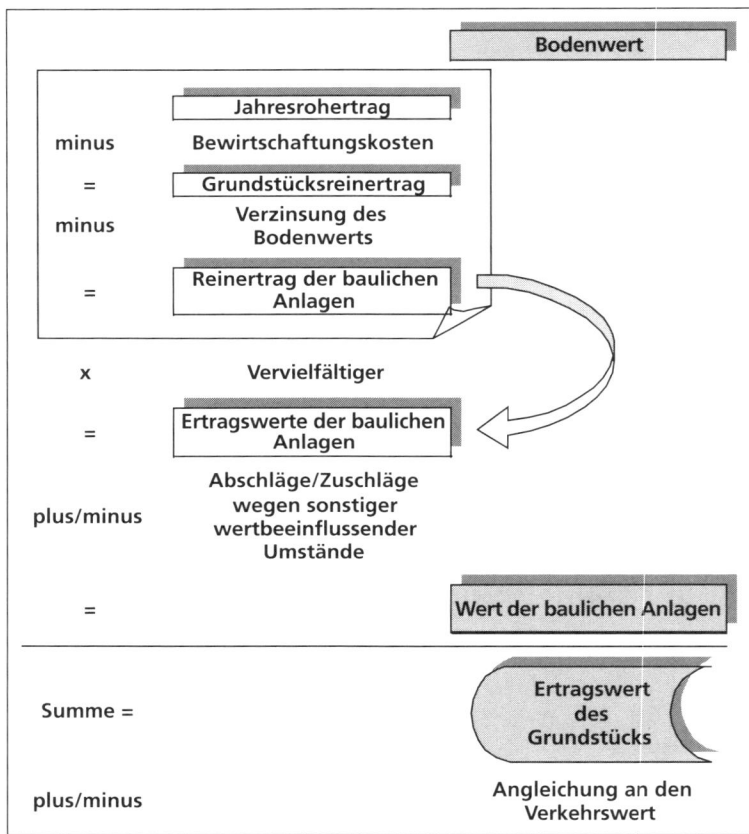

Achtung: Sie brauchen im Grunde nur wenige Daten. Machen Sie sich vorab mit dem typischen Berechnungsgang einer Bewertung im Ertragswertverfahren vertraut. Sobald Ihnen der Rechengang geläufig ist, wird das Ertragswertverfahren leicht einsichtig.

Daten eines zu bewertenden Mietwohngrundstücks		
Grundstücksgröße in qm		1.570
Bodenrichtwert pro qm		260,00 DM
Rohertrag pro Monat und pro		
Wohnfläche in qm		9,70 DM
Anzahl der Wohnungen		12
Wohnfläche pro Wohnung in qm		80
Bewirtschaftungskosten		22 %
Baujahr	1975	
Jahr der Wertermittlung	2000	
Alter in Jahren	25	
übliche Lebensdauer in Jahren		100
abzüglich Alter in Jahren		-25
Restnutzungsdauer in Jahren mithin		75
Liegenschaftszins lt. Gutachterausschuss		5 %
Vervielfältiger entsprechend Restnutzungsdauer und Liegenschaftszins		19,49

Ermittlung des Ertragswerts	

Bodenwert		
Fläche	1.570 qm	
Bodenrichtwert	260,00 DM/qm	
Fläche x Bodenrichtwert = Bodenwert		408.200,00 DM

Wert der baulichen Anlagen		
Jahresrohertrag (Wohnungen x Wohnfläche x Rohertrag pro Monat und qm x 12 Monate =)	111.744,00 DM	
Bewirtschaftungskosten 22 %	−24.583,68 DM	
Jahresreinertrag	87.160,32 DM	
abzgl. Verzinsung des Bodenwerts (Bodenwert x Liegenschaftszins =)	−20.410,00 DM	
Jahresreinertragsanteil für die baulichen Anlagen	66.750,32 DM	
Ertragswert der baulichen Anlagen (Reinertrag der baulichen Anlagen x Vervielfältiger =)		1.300.963,74 DM
Ertragswert		**1.709.163,74 DM**
gerundet		**1.700.000,00 DM**

6. Diese Begriffe müssen Sie kennen!

Jahresrohertrag

Umfang des Jahres- rohertrags

Der Jahresrohertrag umfasst alle Einnahmen, die Sie bei einer ord- nungsgemäßen Bewirtschaftung des Grundstücks nachhaltig erzielen. Das sind neben der Miete oder Pacht auch andere Leistun- gen des Mieters oder Pächters. Deshalb gehören auch Baukosten- zuschüsse oder Mietvorauszahlungen zum Rohertrag, wenn diese Zahlungen auf die Miete angerechnet werden.

Umbauten und Einbauten

Sofern die Mieter Kosten für Umbauten und Einbauten aufgewendet haben, müssen Sie die Kosten genauso wie Mietvorauszahlungen behandeln. Das ist jedoch nur dann erforderlich, wenn die Mieter nach Beendigung des Mietverhältnisses die Umbauten und Einbau- ten nicht beseitigen dürfen, diese jedoch den Mietwert erhöhen.

Schönheits- reparaturen korrespondieren mit den Instand- haltungskosten

Schönheitsreparaturen muss rechtlich grundsätzlich der Vermieter tragen. In so gut wie allen Mietverträgen wälzt der Vermieter diese rechtliche Verpflichtung auf den Mieter ab. Folglich tragen über- wiegend die Mieter die Schönheitsreparaturen. Die Kosten hierfür sind nur dann als Rohertrag anzusetzen, wenn sie im Rahmen der Bewirtschaftungskosten als Teil der Instandhaltungskosten behan- delt werden.

Sofern die Kosten für die Schönheitsreparaturen nicht im Rohertrag erfasst werden, dürfen die Instandhaltungskosten auch nur ohne Kosten der Schönheitsreparaturen angesetzt werden. Zahlt ausnahms- weise der Vermieter die Schönheitsreparaturen, ist der Rohertrag durch die höhere Miete ohnehin größer. Dementsprechend sind in diesen Fällen die Instandhaltungskosten entsprechend zu erhöhen.

> **Praxis-Tipp:**
>
> Beachten Sie das Zusammenspiel zwischen Schönheitsrepara- turen, die im Rohertrag zu erfassen sind, und den Instandhal- tungskosten.

Normalerweise müssten auch Umlagen den Rohertrag erhöhen. Als derartige Umlagen kommen in Betracht:

Umlagen als durchlaufender Posten

- Kosten des Wasserverbrauchs

- Kosten für Treppenbeleuchtung

- Kosten für Flurbeleuchtung

- Kosten für Treppenreinigung

- Kosten der Straßenreinigung

- Kosten der Müllabfuhr

- Kosten der Entwässerung

- Kosten der Schornsteinreinigung

- Kosten des Betriebs einer zentralen Heizungsanlage

- Kosten des Betriebs einer Warmwasserversorgungsanlage

- Kosten einer Brennstoffversorgungsanlage

- Betriebskosten einer Fahrstuhlanlage

Allerdings sind diese umlegbaren Kosten nichts anderes als ein durchlaufender Posten. Wenn sie bei den Betriebskosten außer Betracht bleiben, dürfen diese Umlagen auch nicht in den Rohertrag einbezogen werden. Auch hier müssen Sie also das Wechselspiel zwischen der Erfassung im Rohertrag und den Betriebskosten im Auge behalten.

Nettokaltmiete maßgebend

Sind die umlegbaren Betriebskosten in der Miete enthalten, bleiben Sie auf jeden Fall Teil des Rohertrags.

Diese Einnahmen gehören zum Rohertrag:

- Miete

- Pacht

- Übernahme der Schönheitsreparaturen durch den Mieter

- Entgelte für die Fernsehgemeinschaftsantenne

- Entgelte für die zentrale Waschanlage

- Entgelte für Einbauschränke

- Entgelte für die Benutzung von Küchenmöbeln

- Entgelte für die Benutzung von Gartenanlagen

- Entgelte für die Benutzung von Stellplätzen

Nettomiete zählt

Praxis-Tipp:

Beachten Sie, dass der Rohertrag um die so genannten Bewirtschaftungskosten zu kürzen ist. Zu den Bewirtschaftungskosten zählen auch die Betriebskosten. Gehören diese zur Miete, bleiben diese zwar Teil des Rohertrags, werden aber bei der Berechnung des Reinertrags wieder abgezogen. Im Ergebnis erhalten Sie eine Nettomiete.

Keine Unter-mietzuschläge

Wichtig: Untermietzuschläge gehören nicht zum Rohertrag. Grund: Sie unterliegen laufenden Änderungen. Zudem sind Mieterhöhungen wegen Untermietzuschlägen von zufälligen Faktoren abhängig. Sie beeinflussen deshalb den Wert eines Grundstücks nicht entscheidend.

Der Rohertrag muss nachträglich erzielbar sein

Nachhaltigkeit erforderlich

Zutreffende Ergebnisse erhalten Sie im Ertragswertverfahren nur, wenn Sie davon ausgehen können, dass während der gesamten Restnutzungsdauer der baulichen Anlage der jährlich erzielbare Reinertrag annähernd gleich bleibt. Nur wenn der Rohertrag nachhaltig erzielbar ist, führen die verschiedenen Vervielfältiger zum richtigen Ergebnis.

Tendenzen beachten

Im Allgemeinen gehen Sie von den tatsächlich erzielten Mieten aus. Allerdings müssen Sie immer im Auge behalten, ob diese Mieten auch in der Zukunft nachhaltig erzielbar sind.

Nun wird man diese Frage unter Berücksichtigung von Tendenzen beantworten können. Dennoch müssen Sie wissen, dass Ladenmieten ganz empfindlich von der jeweiligen Konjunktur abhängen. Auch wenn einzelne Zimmer innerhalb von Wohnungen an bestimmte Personenkreise – beispielsweise an Studenten – vermietet werden, die nur für einen vorübergehenden Zeitraum in der Region tätig sind, müssen Sie mit der gezahlten Miete vorsichtig kalkulieren. Wissen Sie beispielsweise, dass eine Ausbildungsstätte geschlossen wird, die in der Vergangenheit viele Einzelzimmer für die Studenten angemietet hat, dürfen Sie diese Miete nicht blind ansetzen. Diese Miete wird nachhaltig tatsächlich nicht mehr erzielbar sein.

Vorsicht bei Studentenwohnungen

„Übliche Einnahmen" in Sonderfällen

Wenn Räume unentgeltlich überlassen werden, fehlt die tatsächliche Miete.

Leerstand, Eigennutzung

Dennoch brauchen Sie eine Miete, um die Immobilie zu bewerten. Schließlich kann es den Wert eines Gebäudes nicht beeinflussen, wenn es vorübergehend leer steht.

Auch leer stehende Immobilien haben einen Wert. Aber es gibt keine tatsächlich erzielte Miete. Das Gleiche gilt bei selbst genutzten Grundstücken.

Sofern Grundstücke oder Grundstücksteile an Verwandte oder nahe Angehörige vermietet sind, muss die vereinbarte Miete keineswegs dem üblichen Mietzins entsprechen. Das kann ebenfalls bei der Vermietung an Gesellschafter oder an Arbeitnehmer so sein. Oft liegt die tatsächlich gezahlte Miete unter der üblicherweise verlangten Miete.

Verwandte, nahe Angehörige, Arbeitnehmer

Orientieren Sie sich in diesen Fällen an den Mieten, die örtlich üblicherweise für vergleichbare Grundstücke verlangt werden.

Übliche Miete ansetzen

Vergleichen Sie dazu das Objekt mit anderen Immobilien, die nach

- Art
- Lage
- Baualter
- Größe
- Ausstattung

vergleichbar sind. Selbstverständlich wird dies häufig schwierig sein, weil derartige Immobilien nicht in einer hinreichend repräsentativen Anzahl bekannt sein dürften. Behelfen Sie sich deshalb mit dem örtlichen Mietspiegel, der eine entsprechende Differenzierung im Allgemeinen möglich macht.

Mietspiegel

Die Mietspiegel sind im gesamten Bundesgebiet nicht einheitlich. Allerdings sollten Sie darauf achten, dass sie auf jeden Fall bei der Miethöhe differenzierte Aussagen enthalten

- zum Baualter
- zur Wohnlage
- zur Wohnungsgröße
- zur Ausstattung

Bewirtschaftungskosten

Bewirtschaftungskosten abziehen

Der Jahresrohertrag ist um die Bewirtschaftungskosten zu mindern.

Ebenso wie der Rohertrag müssen auch die Bewirtschaftungskosten nachhaltig anfallen. Deshalb müssen Sie von den Kosten ausgehen, die normalerweise entstehen. Somit darf es keine Rolle spielen, ob beispielsweise unvernünftig gewirtschaftet wird.

Erfahrungssätze gefragt

Das erfordert den Ansatz von Erfahrungssätzen, bei denen allgemeine Entwicklungstendenzen berücksichtigt worden sind. Insbesondere müssen überdurchschnittliche Kosten oder auch einmalig oder zufällig auftretende Kosten unberücksichtigt bleiben.

Verwaltungskosten, Instandhaltungskosten und auch das Mietausfallwagnis müssen regelmäßig mit Erfahrungssätzen angesetzt werden. Allerdings brauchen Sie die tatsächlichen Aufwendungen nicht gänzlich bei Seite zu schieben. Sofern Sie von einer ordnungsgemäßen Bewirtschaftung ausgehen können, sollten Sie diese Kosten ruhig mit den Durchschnittssätzen vergleichen. Auf diese Weise sind Sie sicher, mit den angesetzten durchschnittlichen Bewirtschaftungskosten nicht völlig daneben zu liegen.

Zu den Bewirtschaftungskosten gehören grundsätzlich:

- Abschreibung

- Verwaltungskosten

- Betriebskosten

- Instandhaltungskosten

- Mietausfallwagnis

Wichtig: Die Abschreibung brauchen Sie hier allerdings nicht einzurechnen. Grund: Die Abschreibung ist bereits im Vervielfältiger berücksichtigt.

Nutzen Sie die folgenden pauschalen Bewirtschaftungskosten. In der offiziellen Wertermittlungsverordnung werden diese Zahlen zwar nicht mehr genannt. Dennoch wenden die Gutachter diese Pauschalen in der Praxis immer noch mit Erfolg an.

Pauschalsätze für Bewirtschaftungskosten

Die durchschnittlichen Bewirtschaftungskosten für Verwaltung, Instandhaltung und Mietausfallwagnis können Sie aus der nachstehenden Tabelle ablesen. Ausgewiesen sind Prozentsätze, die auf die so genannte Nettokaltmiete anzuwenden sind. In dieser Nettokaltmiete dürfen weder „Umlagen" noch „nicht als Umlagen erhobene Betriebskosten" enthalten sein. Auch die „Abschreibung" darf in der Nettokaltmiete nicht berücksichtigt werden. Bevor Sie die Prozentsätze bei der Bewertung anwenden, müssen Sie die rechnerische Nettokaltmiete ermitteln.

Durchschnittliche Bewirtschaftungskosten für Verwaltung

Die Tabelle gilt für Mietwohngrundstücke mit zwei bis acht Wohnungen und bildet einen Durchschnitt aller Ortsgrößen ab.

Durchschnittliche Bewirtschaftungskosten (in %)								
Grundstücksart	**Einwohner in Tausend**							
	bis 2	2 – 5	5 – 10	10 – 50	50 – 100	100 – 200	200 – 500	über 500
Einfamilienhaus								
Altbau vor 1924	24	26	29	31	31	31	31	31
Neubau bis 1948	18	20	22	24	25	25	25	25
Nachkriegsbau nach 1948	14	16	18	19	19	19	19	19
Zweifamilienhaus								
Altbau vor 1924	27	29	34	36	36	36	36	36
Neubau bis 1948	21	23	27	29	30	30	30	30
Nachkriegsbau nach 1948	18	20	24	25	25	25	25	25
Mietwohn- grundstück								
Altbau vor 1924	28	30	36	39	41	42	43	44
Neubau bis 1948	21	24	29	31	33	34	35	36
Nachkriegsbau nach 1948	21	23	27	29	31	31	31	31
Gemischt ge- nutztes Grund- stück mit gewerb- lichem Anteil bis 40 %								
Altbau vor 1924	25	27	33	35	39	40	41	42
Neubau bis 1948	20	22	26	28	31	32	33	34
Nachkriegsbau nach 1948	19	21	26	27	29	29	29	29

noch: Durchschnittliche Bewirtschaftungskosten

Grundstücksart	Einwohner in Tausend							
	bis 2	2 – 5	5 – 10	10 – 50	50 – 100	100 – 200	200 – 500	über 500
Gemischt genutztes Grundstück mit gewerblichem Anteil zwischen 40 % und 60 %								
Altbau vor 1924	21	25	31	31	33	33	33	33
Neubau bis 1948	18	21	25	25	26	26	26	27
Nachkriegsbau nach 1948	17	19	23	23	24	24	24	25
Gemischt genutztes Grundstück mit gewerblichem Anteil zwischen 60 % und 80 %								
Altbau vor 1924	20	23	29	29	31	31	31	32
Neubau bis 1948	17	20	25	25	26	26	26	26
Nachkriegsbau nach 1948	17	19	23	23	24	24	24	24
Geschäftsgrundstück								
Altbau vor 1924	18	21	27	27	29	29	29	29
Neubau bis 1948	18	21	26	26	27	27	27	27
Nachkriegsbau nach 1948	17	18	23	23	24	24	24	24

Wichtig: Die Tabellenwerte enthalten keine Grundsteuer. Erhöhen Sie deshalb die Bewirtschaftungskosten um die Grundsteuer. Sie können die tatsächliche Grundsteuer auch in einen Prozentsatz des Rohertrags umrechnen und zu den Tabellenwerten addieren.

Grundsteuer einbeziehen

Mietwohn-grundstücke

Die folgende zusätzliche Tabelle mit durchschnittlichen Bewirtschaftungskosten für Mietwohngrundstücke bietet Ihnen in Abhängigkeit von Ausstattung und Baujahr weitere Anhaltspunkte, um den richtigen Prozentsatz zu bestimmen.

Durchschnittliche Bewirtschaftungskosten bei Mietwohngrundstücken		
Baujahr	**Ohne Bad oder Zentralheizung in % des Rohertrags**	**Mit Bad und mit Zentralheizung in % des Rohertrags**
bis 1925	40	33
1926 – 1948	35	29
1949 – 1955	31	26
1956 – 1968	27	22
ab 1969	22	15

Verwaltungskosten

Verwaltungs-kosten mindern den Rohertrag

Kosten, die zur Verwaltung einer Immobilie erforderlich sind, mindern als Verwaltungskosten den Rohertrag. Sofern diese nicht im Rahmen der pauschalen Ermittlung der Bewirtschaftungskosten berücksichtigt werden, können Sie die Verwaltungskosten mit einem Prozentsatz des Rohertrags ansetzen. Orientieren Sie sich an folgenden Prozentsätzen:

Grundstücksart	**Verwaltungskosten (in %)**
Einfamilienhaus	2
Zweifamilienhaus	2
Mietwohngrundstück	3–4
Gemischt genutztes Grundstück	3–4
Geschäftsgrundstück	3–5

Tendenziell ergeben sich bei größeren Städten und jüngeren Immobilien die höheren Verwaltungskosten, soweit in der Tabelle Prozentspannen angegeben sind.

Betriebskosten

Wenn eine Immobilie bestimmungsgemäß gebraucht wird, entstehen laufende Betriebskosten. Dazu gehören keine Kosten, die üblicherweise der Mieter unmittelbar zahlt. Das ist beispielsweise beim Wassergeld der Fall, das der Mieter auf Grund eines eigenen Vertrags mit den Stadtwerken zu zahlen hat.

Es sind auch solche Betriebskosten für die Wertermittlung unbeachtlich, die durch Umlagen abgedeckt werden. Grund: Diese Kosten sind durchlaufende Posten und gehören nicht zum Rohertrag. Das sind beispielsweise die Kosten für den Betrieb einer Heizung.

Keine durchlaufenden Posten

Wichtig: Sofern die umlegbaren Betriebskosten im Rohertrag erfasst worden sind, müssen Sie diese natürlich wieder durch entsprechende Ermittlung der Betriebskosten neutralisieren. Diese Betriebskosten gehen dann in die Bewirtschaftungskosten ein. Im Ergebnis müssen Sie jedenfalls eine Nettokaltmiete zu Grunde legen.

Nettokaltmiete maßgebend

Das gehört zu den Betriebskosten:

Aufzählung der Betriebskosten

- Grundsteuer

- Kosten der Entwässerung

- Kosten für zentrale Heizungsanlage einschließlich Wartung und Reinigung

- Kosten für zentrale Wasserversorgung

- Kosten des Betriebs von Aufzügen

- Gebühren für Straßenreinigung und Müllabfuhr

- Kosten für Hausreinigung

- Kosten der Gartenpflege

- Kosten der Beleuchtung (Allgemeinstrom)

- Schornsteinfegergebühren

- Beiträge zur Gebäudehaftpfllicht- und -sachversicherung

- Kosten für den Hauswart

- Kosten für Gemeinschaftsantenne oder Kabelanschluss

- Kosten des Betriebs der maschinellen Wascheinrichtung

- Betriebskosten von Nebengebäuden, Anlagen und Einrichtungen

Erfahrungssätze ansetzen

Auch bei den Betriebskosten ist es sinnvoll, auf Erfahrungssätze zurückzugreifen. Auf diese Weise vermeiden Sie, überdurchschnittliche Kosten in die Wertermittlung einzubeziehen. Im Einzelfall werden zwar möglicherweise solche überhöhten Kosten aufgewendet. Solche Kosten spiegeln jedoch mehr die Liebhaberei des derzeitigen Immobilienbesitzers wider.

Orientieren Sie sich an den folgenden Durchschnittssätzen:

Betriebskosten in %		
Grundstücksart	In Gemeinden bis 10.000 Einwohner	In Gemeinden über 10.000 Einwohner
Einfamilienhaus, vor 1948	5–7	5–7
Einfamilienhaus, nach 1948	9–10	8
Zweifamilienhaus, vor 1948	5–7	5–7
Zweifamilienhaus, nach 1948	9–10	8

noch: Betriebskosten

Grundstücksart	In Gemeinden bis 10.000 Einwohner	In Gemeinden über 10.000 Einwohner
Mietwohngrundstück, vor 1948	5–8	9–12
Mietwohngrundstück, nach 1948	5–7	9–10
Gemischt genutztes Grundstück, vor 1948	5–8	9–12
Gemischt genutztes Grundstück, nach 1948	5–7 (je höher der gewerbliche Anteil, desto niedriger sind die Betriebskosten)	7–8 (je höher der gewerbliche Anteil, desto niedriger sind die Betriebskosten)
Geschäftsgrundstück, vor 1948	5–9	8–9
Geschäftsgrundstück, nach 1948	5–7	7

Instandhaltungskosten

Jede Immobilie muss instand gehalten werden. Nur so können Abnutzungserscheinungen und Witterungseinflüsse genauso wenig bauliche Schäden verursachen wie alterungsbedingte Wertminderungen.

Bauliche Schäden vermeiden

Die hierzu aufgewandten Instandhaltungskosten müssen nach Möglichkeit ebenfalls mit Pauschalen berücksichtigt werden, weil die tatsächlich aufgewendeten Kosten durchaus von dem abweichen können, was zur Erhaltung der Immobilie sinnvoll und notwendig ist. Dabei spielen persönliche Entscheidungen des Grundstückseigentümers oft eine entscheidende und nicht immer rationale Rolle. Gleichwohl gelten die pauschalierten Instandhaltungskosten nur als Mindestsatz.

Instandhaltungskosten pauschal ansetzen

Instand-haltungs-kosten pro Quadratmeter Wohnfläche

Orientieren Sie sich an der nachstehenden Tabelle für die jährlichen Instandhaltungskosten pro Quadratmeter Wohnfläche.

Instandhaltungskosten pro Jahr und qm Wohnfläche					
Baujahr	Instand-haltungs-kosten pro Jahr	Zuschlag bei Wohnungen mit		Abschlag bei Wohnungen	
		Sammel-heizung	Aufzug	Ohne Bad oder Dusche	Mit kleiner Instand-haltung durch Mieter
	DM/qm	DM/qm	DM/qm	DM/qm	DM/qm
bis 1952	15,50	1,10	1,00	1,30	1,90
1953–1969	14,50	1,10	1,00	1,30	1,90
1970–1979	11,50	1,10	1,00	1,30	1,90
ab 1980	9,00	1,10	1,00	1,30	1,90

Kleinere Instand-haltungskosten

Zu den „kleineren Instandhaltungskosten", die durch Mieter über-nommen werden, gehören nur Aufwendungen, die kleine Schäden betreffen. Das sind beispielsweise Schäden an Installationsgeräten für Elektrizität, Wasser und Gas. Zu den Instandhaltungskosten gehören auch Aufwendungen zum Beheben kleinerer Schäden an Heizeinrichtungen oder Fenster- und Türverschlüssen sowie Ver-schlussvorrichtungen bei Fensterläden.

Die in der Tabelle ausgewiesenen Sätze gelten ab 1988. Sofern die Instandhaltungskosten auf andere Wertermittlungszeitpunkte um-gerechnet werden müssen, wenden Sie hierzu die entsprechenden Preisindizes an.

Weil die Kosten für Schönheitsreparaturen mit dem Ansatz der Miete zusammenhängen, kommt es in der Praxis meist nicht zu einer Erfassung in der Miete einerseits und im Abzug im Rahmen der Instandhaltungskosten andererseits. Sofern jedoch innerhalb der Miete Beträge für die Verpflichtungsübernahme von Schönheitsreparaturen erfasst worden sind, rechnen Sie mit folgenden Werten:

Praxis-Tipp:

Die durchschnittlichen Instandhaltungskosten der Tabelle spiegeln die Verhältnisse bei Neubauten wieder. Bei älteren Gebäuden fallen üblicherweise höhere Kosten an. Bei vor 1925 errichteten Bauwerken können Sie die Sätze um 15 %, bei bis 1934 errichteten Bauwerken um 10 %, bei bis 1945 errichteten Bauwerken um 5 % erhöhen.

In der Praxis kann es manchmal leichter sein, die Instandhaltungskosten nicht mit den Kosten pro Quadratmeter zu erfassen, sondern einen Prozentsatz des Rohertrags zu berücksichtigen. Das ist insbesondere dann einfacher, wenn Sie die genaue Wohnfläche nicht kennen. Richten Sie sich in diesen Fällen nach der folgender Tabelle:

*Instand-
haltungskosten
als Prozentsatz*

Instandhaltungskosten in % des Rohertrags		
Grundstücksart	In Gemeinden bis 50.000 Einwohner	In Gemeinden über 50.000 Einwohner
Einfamilienhaus, vor 1948	11–19	13–19
Einfamilienhaus, nach 1948	7–9	9
Zweifamilienhaus, vor 1948	11–19	13–19
Zweifamilienhaus, nach 1948	7–9	9
Mietwohngrundstück, vor 1948	11–23	17–26

noch: Instandhaltungskosten in % des Rohertrags

Grundstücksart	In Gemeinden bis 50.000 Einwohner	In Gemeinden über 50.000 Einwohner
Mietwohngrundstück, nach 1948	11–15	15
Gemischt genutztes Grundstück, vor 1948	6–19	5–13
Gemischt genutztes Grundstück, nach 1948	10–22	10–13
Geschäftsgrundstück, vor 1948	7–11	6–9
Geschäftsgrundstück, nach 1948	11–12	9

Schönheitsreparaturen

Kosten für Schönheitsreparaturen erfassen Sie mit jährlich maximal 10 DM pro Quadratmeter Wohnfläche. Sofern die Wohnung überwiegend nicht tapeziert ist, ziehen Sie 1 DM pro Quadratmeter Wohnfläche jährlich ab. Ein Zuschlag von 0,80 DM pro Quadratmeter ist erforderlich, wenn die Wohnung mit Heizkörpern ausgestattet ist. Ein weiterer Zuschlag von 0,85 DM pro Quadratmeter ist erforderlich, wenn die Wohnung mit Verbund- oder Doppelfenstern ausgestattet ist.

Mietausfallwagnis

Mietausfall-wagnis pauschal kalkulieren

Es spielt keine Rolle, ob Räume leer stehen oder ob Mietrückstände letztlich uneinbringlich sind. Dies gehört zum Mietausfallwagnis. Im Allgemeinen reicht es, wenn Sie mit 2 % des Rohertrags als Mietausfallwagnis kalkulieren. Bei gewerblich genutzten Räumen müssen Sie vorsichtiger kalkulieren. Setzen Sie hier 2,5 % bis 4 % des Rohertrags als Mietausfallwagnis an.

7. So berechnen Sie die Verzinsung des Bodenwerts

Der Reinertrag des Grundstücks entfällt sowohl auf den Grund und Boden als auch auf die baulichen Anlagen. Während der Grund und Boden keinem Wertverzehr unterliegt, hängt der Wert der baulichen Anlagen ganz entscheidend von der Restnutzungsdauer ab.

Grund und Boden herausrechnen

Deshalb kann der Reinertrag nicht sofort mit einem Vervielfältiger multipliziert werden. Sie müssen vielmehr den Reinertrag in einen Anteil aufteilen, der auf den Grund und Boden entfällt und in einen anderen Anteil, der den baulichen Anlagen entspricht.

Den auf die baulichen Anlagen entfallenden Anteil des Reinertrags erhalten Sie, indem Sie den so genannten Verzinsungsbetrag des Bodenwerts vom gesamten Reinertrag abziehen.

Verzinsungsbetrag des Bodenwerts

Diesen Verzinsungsbetrag des Bodenwerts berechnen Sie mit der folgenden Formel:

> Verzinsungsbetrag   =   Bodenwert x Liegenschaftszinssatz
> des Bodenwerts   in Prozent

Beispiel:

Der Reinertrag eines Grundstücks beträgt 25.000 DM. Den Bodenwert haben Sie mit 120.000 DM ermittelt. Es ist ein Liegenschaftszins von 4 % maßgebend.

Kürzen Sie den Reinertrag des Grundstücks um den Betrag, mit dem der Bodenwert verzinst wird. Diesen Betrag ermitteln Sie, indem Sie den maßgebenden Liegenschaftszins mit dem Wert des Grund und Bodens multiplizieren:

Liegenschaftszins

Reinertrag des Grundstücks	25.000 DM
Verzinsungsbetrag des Bodenwerts	

$$\frac{120.000 \text{ DM} \times 4}{100} = \qquad\qquad -\ \underline{4.800 \text{ DM}}$$

Reinertrag der baulichen Anlagen	20.200 DM

Praxis-Tipp:

Den Bodenwert haben Sie bereits in einem separaten Schritt zu Beginn des Ertragswertverfahrens berechnet. Der Verzinsungsbetrag des Bodenwerts selbst hat bei der Berechnung des Bodenwerts keine Bedeutung. Sie brauchen diesen Verzinsungsbetrag nur, um den Anteil des Reinertrags zu berechnen, der auf die baulichen Anlagen entfällt.

8. Wichtig! Liegenschaftszinssatz

Liegenschafts-zinssatz mit doppelter Bedeutung

Der Liegenschaftszinssatz hat beim Ertragswertverfahren eine doppelte Bedeutung. Auf der einen Seite ergibt sich durch Multiplikation mit dem Bodenwert die Kürzung des gesamten Reinertrags. Der Liegenschaftszinssatz ist aber auch entscheidend, wenn Sie den Vervielfältiger bestimmen wollen, mit dem Sie den auf die baulichen Anlagen entfallenden Reinertragsanteil multiplizieren müssen. In beiden Fällen hat der Liegenschaftszinssatz eine ganz zentrale Bedeutung.

Kapital-verzinsung nutzungs-abhängig

Die Frage, welchen Zinssatz Sie bei der Bewertung anzusetzen haben, entscheiden Sie nach den Verhältnissen auf dem örtlichen Grundstücksmarkt. Dabei sind die Nutzung des Grundstücks und die Art der baulichen Anlage maßgebend. Denn die Kapitalverzinsung hängt sowohl für den Grund und Boden als auch für die baulichen Anlagen von der Nutzung des Grundstücks ab.

Praxis-Tipp:

Der Liegenschaftszinssatz ist also in zweierlei Hinsicht von Bedeutung: Auf der einen Seite brauchen Sie den Liegenschaftszinssatz, um den Verzinsungsbetrag des Bodenwerts zu berechnen. Außerdem brauchen Sie den Liegenschaftszinssatz, um den zutreffenden Vervielfältiger für die baulichen Anlagen zu bestimmen.

Verzinsungsbetrag und Vervielfältiger

Die Entscheidung, welcher Zinssatz bei der Bewertung anzusetzen ist, richtet sich nach den Verhältnissen auf dem örtlichen Grundstücksmarkt.

Maßgebend ist also Angebot und Nachfrage. Allerdings können Sie nicht einfach die Zinsen zu Grunde legen, die auf dem Kapitalmarkt erzielt und verlangt werden. Es macht einen entscheidenden Unterschied, ob Sie Geld in Wertpapieren im weitesten Sinne oder in Immobilien investieren. Grundstücke sind von der Natur der Sache her wertbeständiger als andere Formen der Geldanlagen. Deshalb muss sich der Eigentümer einer Immobilie grundsätzlich mit einer geringeren Rendite abfinden. Die Verzinsung ist deshalb grundsätzlich niedriger.

Immobilien wertbeständiger

Neben den Verhältnissen auf dem örtlichen Grundstücksmarkt sind aber auch die Art sowie die Restnutzungsdauer der baulichen Anlagen von Bedeutung. Auch dies ist verständlich. Beispielsweise erzielen Sie mit einem Einfamilienhaus im Allgemeinen die niedrigste Verzinsung. Einfamilienhäuser dienen in erster Linie nicht dem Ertrag, sondern werden vom Eigentümer als Wohnung genutzt. Ein klassisches Renditeobjekt ist dagegen das Mietwohngrundstück. Bei gewerblich genutzten Grundstücken werden Sie im Allgemeinen die höchste Verzinsung erzielen.

Restnutzungsdauer ausschlaggebend

Obwohl Mietwohngrundstücke zu den klassischen Renditeobjekten gehören, ist es nicht möglich, bei allen Mietwohngrundstücken

Alter der Gebäude entscheidend

denselben Zinssatz zu Grunde zu legen. Hierbei müssen Sie auch das Alter der Gebäude berücksichtigen. Für ältere Gebäude werden Sie niedrigere Zinssätze ansetzen als bei Neubauten. Selbst die regionale Lage des Grundstücks ist von Bedeutung. Auf dem Land erzielen Sie normalerweise eine geringere Verzinsung als in der Stadt.

Wichtig: Es gilt die allgemeine Regel: Je niedriger die Verzinsung, desto höher ist der Wert der baulichen Anlage.

Vielfalt der Literaturmeinungen

Bereits die vielfältigen Differenzierungsmöglichkeiten verursachen Schwierigkeiten, in der Praxis den zutreffenden Liegenschaftszinssatz zu bestimmen. Daneben gibt es aber noch ein weiteres Problem: Die unterschiedlichen Auffassungen in der Literatur. Lassen Sie sich nicht entmutigen. Sie haben zwei Möglichkeiten, diese Schwierigkeiten zu bewältigen.

Orientieren Sie sich zunächst an den nachstehenden Tabellen, um den zutreffenden Liegenschaftszinssatz zu bestimmen. Außerdem können Sie versuchen, Liegenschaftszinssätze vom Gutachterausschuss zu erfahren.

Praxis-Tipp:

Erkundigen Sie sich bei Ihrem Gutachterausschuss, welche aktuellen Liegenschaftszinssätze für Ihr Grundstück ermittelt worden sind.

Orientieren Sie sich an der nachstehenden Tabelle mit allgemein geltenden Liegenschaftszinssätzen.

Allgemein geltende Liegenschaftszinssätze		
Grundstücksart	Ländliche Gebiete	Übrige Gebiete
Einfamilienhäuser	2,0 % bis 3,0 %	3,0 % bis 4,0 %
Zweifamilienhäuser	3,5 %	3,5 % bis 4,0 %
Mietwohngrundstücke	4,0 %	4,0 % bis 5,0 %
Gemischtgenutzte Grundstücke mit einem gewerblichen Anteil bis zu 50 %	4,5 %	5,0 %
Gemischtgenutzte Grundstücke mit einem gewerblichen Anteil über 50 %	5,0 %	5,5 %
Geschäftsgrundstücke	5,5 %	6,0 % bis 6,5 %

Orientieren Sie sich bei gewerblich genutzten Grundstücken an den folgenden Zinssätzen.

Liegenschaftszinssätze für gewerblich genutze Grundstücke			
Grundstücksart	Ländliche Gebiete		Übrige Gebiete
Bürohäuser	6,0 %	bis	6,5 %
Geschäftshäuser	6,0 %	bis	6,5 %
Warenhäuser	6,5 %	bis	7,5 %
Hotels	6,5 %	bis	7,0 %
Gaststätten	6,5 %	bis	7,0 %
Parkhäuser	6,0 %	bis	7,5 %
Tennishallen	6,0 %	bis	7,5 %
Freizeiteinrichtungen	6,0 %	bis	7,5 %
Lagerhallen	6,0 %	bis	7,0 %
Werkstätten	6,5 %	bis	8,0 %
Fabriken	7,5 %	bis	9,0 %
Verbrauchermärkte	6,5 %	bis	7,5 %

Praxis-Tipp:

In der Tabelle sind zwar auch Liegenschaftszinssätze für Ein- und Zweifamilienhäuser aufgeführt. Vergessen Sie jedoch nicht, dass es sich bei diesen Objekten um typische Sachwertobjekte handelt, die normalerweise nicht im Ertragswertverfahren bewertet werden.

9. Der Vervielfältiger für das Ertragswertverfahren

Vervielfältiger-Tabelle

Berechnen Sie den Ertragswert der baulichen Anlagen, indem Sie den Reinertrag der baulichen Anlagen mit dem Vervielfältiger multiplizieren, der sich aus der nachstehenden Tabelle ergibt. Unterscheiden Sie beim Vervielfältiger, welche Restnutzungsdauer das Gebäude noch hat und welcher Liegenschaftszins maßgebend ist.

Vervielfältiger für das Ertragswertverfahren

Bei einem Zinssatz in Prozent von

Restnutzungsdauer in Jahren	1	1,5	2	2,5	3	3,5	4	4,5	5	5,5	6	6,5	7	7,5	8	8,5	9	9,5	10
1	0,99	0,99	0,98	0,98	0,97	0,97	0,96	0,96	0,95	0,95	0,94	0,94	0,93	0,93	0,93	0,92	0,92	0,91	0,91
2	1,97	1,96	1,94	1,93	1,91	1,90	1,89	1,87	1,86	1,85	1,83	1,82	1,81	1,80	1,78	1,77	1,76	1,75	1,74
3	2,94	2,91	2,88	2,86	2,83	2,80	2,78	2,75	2,72	2,70	2,67	2,65	2,62	2,60	2,58	2,55	2,53	2,51	2,49
4	3,90	3,85	3,81	3,76	3,72	3,67	3,63	3,59	3,55	3,51	3,47	3,43	3,39	3,35	3,31	3,28	3,24	3,20	3,17
5	4,85	4,78	4,71	4,65	4,58	4,52	4,45	4,39	4,33	4,27	4,21	4,16	4,10	4,05	3,99	3,94	3,89	3,84	3,79
6	5,80	5,70	5,60	5,51	5,42	5,33	5,24	5,16	5,08	5,00	4,92	4,84	4,77	4,69	4,62	4,55	4,49	4,42	4,36
7	6,73	6,60	6,47	6,35	6,23	6,11	6,00	5,89	5,79	5,68	5,58	5,48	5,39	5,30	5,21	5,12	5,03	4,95	4,87
8	7,65	7,49	7,33	7,17	7,02	6,87	6,73	6,60	6,46	6,33	6,21	6,09	5,97	5,86	5,75	5,64	5,53	5,43	5,33
9	8,57	8,36	8,16	7,97	7,79	7,61	7,44	7,27	7,11	6,95	6,80	6,66	6,52	6,38	6,25	6,12	6,00	5,88	5,76
10	9,47	9,22	8,98	8,75	8,53	8,32	8,11	7,91	7,72	7,54	7,36	7,19	7,02	6,86	6,71	6,56	6,42	6,28	6,14
11	10,37	10,07	9,79	9,51	9,25	9,00	8,76	8,53	8,31	8,09	7,89	7,69	7,50	7,32	7,14	6,97	6,81	6,65	6,50
12	11,26	10,91	10,58	10,26	9,95	9,66	9,39	9,12	8,86	8,62	8,38	8,16	7,94	7,74	7,54	7,34	7,16	6,98	6,81
13	12,13	11,73	11,35	10,98	10,63	1,30	9,99	9,68	9,39	9,12	8,85	8,60	8,36	8,13	7,90	7,69	7,49	7,29	7,10
14	13,00	12,54	12,11	11,69	11,30	10,92	10,56	10,22	0,90	9,59	9,30	9,01	8,75	8,49	8,24	8,01	7,79	7,57	7,37
15	13,87	13,34	12,85	12,38	11,94	11,52	11,12	10,74	10,38	10,04	9,71	9,40	9,11	8,83	8,56	8,30	8,06	7,83	7,61
16	14,72	14,13	13,58	13,06	12,56	12,09	11,65	11,23	10,84	10,46	10,11	9,77	9,45	9,14	8,85	8,56	8,31	8,06	7,82
17	15,56	14,91	14,29	13,71	13,17	12,65	12,17	11,71	11,27	10,86	10,48	10,11	9,76	9,43	9,12	8,83	8,54	8,28	8,02
18	16,40	15,67	14,99	14,35	13,75	13,19	12,66	12,16	11,69	11,25	10,83	10,43	10,06	9,71	9,37	9,06	8,76	8,17	8,20

noch: Vervielfältiger für das Ertragswertverfahren

Bei einem Zinssatz in Prozent von

Restnutzungsdauer in Jahren	1	1,5	2	2,5	3	3,5	4	4,5	5	5,5	6	6,5	7	7,5	8	8,5	9	9,5	10
19	17,23	16,43	15,68	14,98	14,32	13,71	13,13	12,59	12,09	11,61	11,16	10,73	10,34	9,96	9,60	9,27	8,95	8,65	8,36
20	18,05	17,17	16,35	15,59	14,88	14,21	13,59	13,01	12,46	11,95	11,47	11,02	10,59	10,19	9,82	9,46	9,13	8,81	8,51
21	18,86	17,90	17,01	16,18	15,42	14,70	14,03	13,40	12,82	12,28	11,76	11,29	10,84	10,41	10,02	9,64	9,29	8,96	8,65
22	19,66	18,62	17,66	16,77	15,94	15,17	14,45	13,78	13,16	12,58	12,04	11,54	11,06	10,62	10,20	9,81	9,44	9,10	8,77
23	20,46	19,33	18,29	17,33	16,44	15,62	14,86	14,15	13,49	12,88	12,30	11,77	11,27	10,81	10,37	9,96	9,58	9,22	8,88
24	21,24	20,03	18,91	17,89	16,94	16,06	15,25	14,50	13,80	13,15	12,55	11,99	11,47	10,98	10,53	1,10	9,71	9,33	8,98
25	22,02	20,72	19,52	18,42	17,41	16,48	15,62	14,83	14,09	13,41	12,78	12,20	11,65	11,15	10,67	10,23	9,82	9,44	9,08
26	22,80	21,40	20,12	18,95	17,88	16,89	15,98	15,15	14,38	13,66	13,00	12,39	11,83	11,30	10,81	10,35	9,93	9,53	9,16
27	23,56	22,07	20,71	19,46	18,33	17,29	16,33	15,45	14,64	13,90	13,21	12,58	11,99	11,44	10,94	10,46	10,03	9,62	9,24
28	24,32	22,73	21,28	19,96	18,76	17,67	16,66	15,74	14,90	14,12	13,41	12,75	12,14	11,57	11,05	10,57	10,12	9,70	9,31
29	25,07	23,38	21,84	20,45	19,19	18,04	16,98	16,02	15,14	14,33	13,59	12,91	12,28	11,70	11,16	10,66	10,20	9,77	9,37
30	25,81	24,02	22,40	20,93	19,60	18,39	17,29	16,29	15,37	14,53	13,76	13,06	12,41	11,81	11,26	10,75	10,27	9,83	9,43
31	26,54	24,65	22,94	21,40	20,00	18,74	17,59	16,54	15,59	14,72	13,93	13,20	12,53	11,92	11,35	10,83	10,34	9,89	9,48
32	27,27	25,27	23,47	21,85	20,39	19,07	17,87	16,79	15,80	14,90	14,08	13,33	12,65	12,02	11,44	10,90	10,41	9,95	9,53
33	27,99	25,88	23,99	22,29	20,77	19,39	18,15	17,02	16,00	15,08	14,23	13,46	12,75	12,11	11,51	10,97	10,46	10,00	9,57
34	28,70	26,48	24,50	22,72	21,13	19,70	18,41	17,25	16,19	15,24	14,37	13,58	12,85	12,19	11,59	11,03	10,52	10,05	9,61
35	29,41	27,08	25,00	23,15	21,49	20,00	18,66	17,46	16,37	15,39	14,50	13,69	12,95	12,27	11,65	11,09	10,57	10,09	9,64
36	30,11	27,66	25,49	23,56	21,83	20,29	18,91	17,67	16,55	15,54	14,62	13,79	13,04	12,35	11,72	11,14	10,61	10,13	9,68
37	30,80	28,24	25,97	23,96	22,17	20,57	19,14	17,86	16,71	15,67	14,74	13,89	13,12	12,42	11,78	11,19	10,65	10,16	9,71
38	31,49	28,81	26,44	24,35	22,49	20,84	19,37	18,05	16,87	15,80	14,85	13,98	13,19	12,48	11,83	11,23	10,69	10,19	9,73

noch: Vervielfältiger für das Ertragswertverfahren

Restnutzungsdauer in Jahren	Bei einem Zinssatz in Prozent von																		
	1	1,5	2	2,5	3	3,5	4	4,5	5	5,5	6	6,5	7	7,5	8	8,5	9	9,5	10
39	32,16	29,36	26,90	24,73	22,81	21,10	19,58	18,23	17,02	15,93	14,95	14,07	13,26	12,54	11,88	11,28	10,73	10,22	9,76
40	32,84	29,92	27,36	25,10	23,11	21,36	19,79	18,40	17,16	16,05	15,05	14,15	13,33	12,59	11,92	11,31	10,76	10,25	9,78
41	33,50	30,46	27,80	25,47	23,41	21,60	19,99	18,57	17,29	16,16	15,14	14,22	13,39	12,65	11,97	11,35	10,79	10,27	9,80
42	34,16	30,99	28,24	25,82	23,70	21,83	20,19	18,72	17,42	16,26	15,22	14,29	13,45	12,69	12,01	11,38	10,81	10,29	9,82
43	34,81	31,52	28,66	26,17	23,98	22,06	20,37	18,87	17,55	16,36	15,31	14,36	13,51	12,74	12,04	11,41	10,84	10,31	9,83
44	35,46	32,04	29,08	26,50	24,25	22,28	20,55	19,02	17,66	16,46	15,38	14,42	13,56	12,78	12,08	11,44	10,86	10,33	9,85
45	36,10	32,55	29,49	26,83	24,52	22,50	20,72	19,16	17,77	16,55	15,46	14,48	13,61	12,82	12,11	11,47	10,88	10,35	9,86
46	36,73	33,06	29,89	27,15	24,78	22,70	20,88	19,29	17,88	16,63	15,52	14,54	13,65	12,85	12,14	11,49	10,90	10,36	9,88
47	37,35	33,55	30,29	27,47	25,02	22,90	21,04	19,41	17,98	16,71	15,59	14,59	13,69	12,89	12,16	11,51	10,92	10,38	9,89
48	37,97	34,04	30,67	27,77	25,27	23,09	21,20	19,54	18,08	16,79	15,65	14,64	13,73	12,92	12,19	11,53	10,93	10,39	9,90
49	38,59	34,53	31,05	28,07	25,50	23,28	21,34	19,65	18,17	16,86	15,71	14,68	13,77	12,95	12,21	11,55	10,95	10,40	9,91
50	39,20	35,00	31,42	28,36	25,73	23,46	21,48	19,76	18,26	16,93	15,76	14,72	13,80	12,97	12,23	11,57	10,96	10,41	9,91
51	39,80	35,47	31,79	28,65	25,95	23,63	21,62	19,87	18,34	17,00	15,81	14,76	13,83	13,00	12,25	11,58	10,97	10,42	9,92
52	40,39	35,93	32,15	28,92	26,17	23,80	21,75	19,97	18,42	17,06	15,86	14,80	13,86	13,02	12,27	11,60	10,99	10,43	9,93
53	40,99	36,38	32,50	29,19	26,38	23,96	21,87	20,07	18,49	17,12	15,91	14,84	13,89	13,04	12,29	11,61	11,00	10,44	9,94
54	41,57	36,83	32,84	29,46	26,58	24,11	21,99	20,16	18,57	17,17	15,95	14,87	13,92	13,06	12,30	11,62	11,01	10,45	9,94
55	42,15	37,27	33,18	29,71	26,77	24,26	22,11	20,25	18,63	17,23	15,99	14,90	13,94	13,08	12,32	11,63	11,01	10,45	9,95
56	42,72	37,71	33,51	29,97	26,97	24,41	22,22	20,33	18,70	17,28	16,03	14,93	13,96	13,10	12,33	11,64	11,02	10,46	9,95
57	43,29	38,13	33,83	30,21	27,15	24,55	22,33	20,41	18,76	17,32	16,07	14,96	13,98	13,12	12,34	11,65	11,03	10,47	9,96
58	43,85	38,56	34,15	30,45	27,33	24,69	22,43	20,49	18,82	17,37	16,10	14,99	14,00	13,13	12,36	11,66	11,04	10,47	9,96

noch: Vervielfältiger für das Ertragswertverfahren

Bei einem Zinssatz in Prozent von

Restnutzungsdauer in Jahren	1	1,5	2	2,5	3	3,5	4	4,5	5	5,5	6	6,5	7	7,5	8	8,5	9	9,5	10
59	44,41	38,97	34,46	30,68	27,51	24,82	22,53	20,57	18,88	17,41	16,13	15,01	14,02	13,15	12,37	11,67	11,04	10,48	9,96
60	44,96	39,38	34,76	30,91	27,68	24,94	22,62	20,64	18,93	17,45	16,16	15,03	14,04	13,16	12,38	11,68	11,05	10,48	9,97
61	45,50	39,78	35,06	31,13	27,84	25,07	22,71	20,71	18,98	17,49	16,19	15,05	14,06	13,17	12,39	11,68	11,05	10,48	9,97
62	46,04	40,18	35,35	31,35	28,00	25,19	22,80	20,77	19,03	17,52	16,22	15,07	14,07	13,18	12,39	11,69	11,06	10,49	9,97
63	46,57	40,57	35,64	31,56	28,16	25,30	22,89	20,83	19,08	17,56	16,24	15,09	14,08	13,19	12,40	11,70	11,06	10,49	9,98
64	47,10	40,96	35,92	31,76	28,31	25,41	22,97	20,89	19,12	17,59	16,27	15,11	14,10	13,20	12,41	11,70	11,07	10,49	9,98
65	47,63	41,34	36,20	31,96	28,45	25,52	23,05	20,95	19,16	17,62	16,29	15,13	14,11	13,21	12,42	11,71	11,07	10,50	9,98
66	48,15	41,71	36,47	32,16	28,60	25,62	23,12	21,01	19,20	17,65	16,31	15,14	14,12	13,22	12,42	11,71	11,07	10,50	9,98
67	48,66	42,08	36,73	32,35	28,73	25,72	23,19	21,06	19,24	17,68	16,33	15,16	14,13	13,23	12,43	11,72	11,08	10,50	9,98
68	49,17	42,44	36,99	32,54	28,87	25,82	23,26	21,11	19,28	17,71	16,35	15,17	14,14	13,24	12,43	11,72	11,08	10,50	9,98
69	49,67	42,80	37,25	32,72	29,00	25,91	23,33	21,16	19,31	17,73	16,37	15,19	14,15	13,24	12,44	11,72	11,08	10,51	9,99
70	50,17	43,16	37,50	32,90	29,12	26,00	23,39	21,20	19,34	17,75	16,38	15,20	14,16	13,25	12,44	11,73	11,08	10,51	9,99
71	50,66	43,50	37,74	33,07	29,25	26,09	23,46	21,25	19,37	17,78	16,40	15,21	14,17	13,25	12,45	11,73	11,09	10,51	9,99
72	51,15	43,85	37,98	33,24	29,37	26,17	23,52	21,29	19,40	17,80	16,42	15,22	14,18	13,26	12,45	11,73	11,09	10,51	9,99
73	51,64	44,18	38,22	33,41	29,48	26,25	23,57	21,33	19,43	17,82	16,43	15,23	14,18	13,27	12,45	11,73	11,09	10,51	9,99
74	52,11	44,51	38,45	33,57	29,59	26,33	23,63	21,37	19,46	17,84	16,44	15,24	14,19	13,27	12,46	11,74	11,09	10,51	9,99
75	52,59	44,84	38,68	33,72	29,70	26,41	23,68	21,40	19,49	17,85	16,46	15,25	14,20	13,27	12,46	11,74	11,09	10,51	9,99
76	53,06	45,16	38,90	33,88	29,81	26,48	23,73	21,44	19,51	17,87	16,47	15,26	14,20	13,28	12,46	11,74	11,10	10,52	9,99
77	53,52	45,48	39,12	34,03	29,91	26,55	23,78	21,47	19,53	17,89	16,48	15,26	14,21	13,28	12,47	11,74	11,10	10,52	9,99
78	53,98	45,80	39,33	34,17	30,01	26,62	23,83	21,51	19,56	17,90	16,49	15,27	14,21	13,29	12,47	11,74	11,10	10,52	9,99
79	54,44	46,10	39,54	34,31	30,11	26,69	23,87	21,54	19,58	17,92	16,50	15,28	14,22	13,29	12,47	11,75	11,10	10,52	9,99

noch: Vervielfältiger für das Ertragswertverfahren

Bei einem Zinssatz in Prozent von

Restnutzungsdauer in Jahren	1	1,5	2	2,5	3	3,5	4	4,5	5	5,5	6	6,5	7	7,5	8	8,5	9	9,5	10
80	54,89	46,41	39,75	34,45	30,20	26,75	23,92	21,57	19,60	17,93	16,51	15,28	14,22	13,29	12,47	11,75	11,10	10,52	10,00
81	55,34	46,71	39,95	34,59	30,29	26,81	23,96	21,59	19,62	17,94	16,52	15,29	14,23	13,30	12,48	11,75	11,10	10,52	10,00
82	55,78	47,00	40,14	34,72	30,38	26,87	24,00	21,62	19,63	17,96	16,53	15,30	14,23	13,30	12,48	11,75	11,10	10,52	10,00
83	56,22	47,29	40,34	34,85	30,47	26,93	24,04	21,65	19,65	17,97	16,53	15,30	14,23	13,30	12,48	11,75	11,10	10,52	10,00
84	56,65	47,58	40,53	34,97	30,55	26,98	24,07	21,67	19,67	17,98	16,54	15,31	14,24	13,30	12,48	11,75	11,10	10,52	10,00
85	57,08	47,86	40,71	35,10	30,63	27,04	24,11	21,70	19,68	17,99	16,55	15,31	14,24	13,31	12,48	11,75	11,10	10,52	10,00
86	57,50	48,14	40,89	35,22	30,71	27,09	24,14	21,72	19,70	18,00	16,56	15,32	14,24	13,31	12,48	11,75	11,10	10,52	10,00
87	57,92	48,41	41,07	35,33	30,79	27,14	24,18	21,74	19,71	18,01	16,56	15,32	14,25	13,31	12,48	11,76	11,11	10,52	10,00
88	58,34	48,68	41,25	35,45	30,86	27,19	24,21	21,76	19,73	18,02	16,57	15,32	14,25	13,31	12,49	11,76	11,11	10,52	10,00
89	58,75	48,95	41,42	35,56	30,93	27,23	24,24	21,78	19,74	18,03	16,57	15,33	14,25	13,31	12,49	11,76	11,11	10,52	10,00
90	59,16	49,21	41,59	35,67	31,00	27,28	24,27	21,80	19,75	18,04	16,58	15,33	14,25	13,31	12,49	11,76	11,11	10,52	10,00
91	59,57	49,47	41,75	35,77	31,07	27,32	24,30	21,82	19,76	18,04	16,58	15,33	14,26	13,31	12,49	11,76	11,11	10,52	10,00
92	59,97	49,72	41,91	35,87	31,14	27,37	24,32	21,84	19,78	18,05	16,59	15,34	14,26	13,32	12,49	11,76	11,11	10,52	10,00
93	60,36	49,97	42,07	35,98	31,20	27,41	24,35	21,85	19,79	18,06	16,59	15,34	14,26	13,32	12,49	11,76	11,11	10,52	10,00
94	60,76	50,22	42,23	36,07	31,26	27,45	24,37	21,87	19,80	18,06	16,60	15,34	14,26	13,32	12,49	11,76	11,11	10,52	10,00
95	61,14	50,46	42,38	36,17	31,32	27,48	24,40	21,88	19,81	18,07	16,60	15,35	14,26	13,32	12,49	11,76	11,11	10,52	10,00
96	61,53	50,70	42,53	36,26	31,38	27,52	24,42	21,90	19,82	18,08	16,60	15,35	14,26	13,32	12,49	11,76	11,11	10,52	10,00
97	61,91	50,94	42,68	36,35	31,44	27,56	24,44	21,91	19,82	18,08	16,61	15,35	14,27	13,32	12,49	11,76	11,11	10,52	10,00
98	62,29	51,17	42,82	36,44	31,49	27,59	24,46	21,93	19,83	18,09	16,61	15,35	14,27	13,32	12,49	11,76	11,11	10,52	10,00
99	62,66	51,40	42,96	36,53	31,55	27,62	24,49	21,94	19,84	18,09	16,61	15,35	14,27	13,32	12,49	11,76	11,11	10,53	10,00
100	63,03	51,63	43,10	36,61	31,60	27,66	24,51	21,95	19,85	18,10	16,62	15,36	14,27	13,32	12,49	11,76	11,11	10,53	10,00

Zinssätze

Praxis-Tipp:

Wenn die Nachfrage größer als das Angebot entsprechender Immobilien ist, müssen Sie die Zinssätze um einen halben Prozentpunkt senken. Noch niedrigere Zinssätze müssen Sie ansetzen, wenn die Nachfrage sehr stark ist. Sind Immobilien schwer verkäuflich, müssen Sie die Zinssätze erhöhen. Auch bei Grundstücken mit alten Gebäuden müssen Sie einen etwas höheren Zinssatz ansetzen, weil im Allgemeinen mit höheren Erhaltungsaufwendungen zu rechnen ist.

So bestimmen Sie den Vervielfältiger

Vervielfältiger

Lesen Sie den Vervielfältiger aus der Tabelle ab. Multiplizieren Sie mit diesem Vervielfältiger den auf die baulichen Anlagen entfallenden Reinertragsanteil. Auf diese Weise erhalten Sie den Wert der baulichen Anlagen.

Restnutzungs-dauer

Sie brauchen die Restnutzungsdauer der baulichen Anlage, um den zutreffenden Vervielfältiger ablesen zu können. Außerdem müssen Sie den Vervielfältiger in Abhängigkeit vom maßgebenden Liegenschaftszinssatz bestimmen.

Praxis-Tipp:

Für den maßgebenden Liegenschaftszins haben Sie sich bereits entschieden, als Sie den gesamten Reinertrag um den Verzinsungsbetrag für den Bodenwert gemindert haben.

Restnutzungs-dauer bestimmen

Nun gibt es in der Bewertungspraxis unterschiedliche Überlegungen, welche Restnutzungsdauer maßgebend ist. Es ist zwischen der wirtschaftlichen Restnutzungsdauer und der restlichen technischen Lebensdauer der baulichen Anlagen zu unterscheiden. Für eine genaue Abgrenzung müssten Sie den baulichen Zustand sowie die örtlichen und allgemeinen wirtschaftlichen Verhältnisse der Immobilie untersuchen. Dies erweist sich in der Praxis oft mehr als schwierig.

Im Regelfall liegen Sie tendenziell völlig richtig, wenn Sie von der Gesamtnutzungsdauer in Jahren das Alter der baulichen Anlage in Jahren abziehen. Die Differenz entspricht der Restnutzungsdauer, die Sie für ihre Berechnungen zu Grunde legen sollten. Diese einfache Methode führt deshalb in der Vielzahl aller Fälle zu richtigen Ergebnissen, weil die wirtschaftliche Restnutzungsdauer ganz wesentlich von der technischen Lebensdauer abhängt. Zwar wird die wirtschaftliche Nutzbarkeit normalerweise kürzer sein. Dennoch erscheint eine exakte Differenzierung nur bei sehr überalterten Gebäuden erforderlich.

Gesamtnutzungsdauer minus Alter ergibt die Restnutzungsdauer

Praxis-Tipp:

Eine genaue Schätzung der Restnutzungsdauer gehört zu den schwierigsten Problemen einer Wertermittlung. Dazu sind nicht nur bautechnische Kenntnisse erforderlich. Sie müssen auch prüfen, ob Grundrissanordnungen veraltet sind, Formen modisch überholt sind oder übliche sanitäre Mindesteinrichtungen in Wohnungen von den typischen Gebäudearten abweichen.

Restnutzungsdauer problematisch

Kürzere Restnutzungsdauer

Sofern die Immobilie durch Baumängel oder Bauschäden im Wert gemindert ist, kann dies die Restnutzungsdauer verkürzen. Das muss jedoch nicht immer der Fall sein. Wenn die Mängel und Schäden behebbar sind, verändert dies die Restnutzungsdauer nicht. Allerdings kann dies dazu führen, dass Sie den Ertragswert der baulichen Anlage herabsetzen müssen.

Baumängel oder Bauschäden

Die Restnutzungsdauer ist nur dann kürzer, wenn nicht behebbare Mängel und Schäden vorliegen. Dazu sind Dauerschäden an der Gebäudesubstanz erforderlich.

Dauerschäden erforderlich

Längere Restnutzungsdauer

Konstruktive Elemente erneuert

Eine Immobilie ist wertvoller, wenn die baulichen Anlagen so durchgreifend erneuert oder verbessert worden sind, dass sich Restnutzungsdauer verlängert. Derartige bauliche Maßnahmen liegen erst dann vor, wenn das Gebäude an tragenden Elementen und wichtigen Bauteilen erneuert worden ist.

Die Frage, um wie viele Jahre sich eine Lebensdauer verlängert, wenn konstruktive Teile eines Gebäudes saniert worden sind, kann im Allgemeinen nur von bautechnisch orientierten Fachleuten bestimmt werden.

Erhaltungs- aufwendungen reichen nicht aus

Praxis-Tipp:

Eine Verlängerung der Lebensdauer brauchen Sie nur zu prüfen, wenn konstruktive Teile des Gebäudes saniert worden sind. Bloße Erhaltungsaufwendungen oder die Neugestaltung der Fassade wirken sich auf die Restnutzungsdauer jedenfalls nicht aus.

Ermäßigungen und Erhöhungen des Ertragswerts

Alle Umstände berücksichtigen

Berücksichtigen Sie bei Ihrer Verkehrswertermittlung alle tatsächlichen, rechtlichen und wirtschaftlichen Umstände, die objektiv den Marktpreis des Grundstücks beeinflussen.

Setzen Sie sich deshalb auch mit Umständen auseinander, die den Ertragswert der baulichen Anlage beeinflussen. Dabei brauchen Sie sich nur um solche Umstände zu kümmern, die sich noch nicht im Rohertrag oder in den Bewirtschaftungskosten niedergeschlagen haben. Stellen Sie auch sicher, dass Sie keine Umstände berücksichtigen, die sich bereits durch die Wahl des entsprechenden Vervielfältigers in der Wertermittlung niedergeschlagen haben. Davon wäre insbesondere die zutreffende Bestimmung der Restnutzungsdauer betroffen.

Dennoch können ganz verschiedene Gründe für eine Ermäßigung oder eine Erhöhung des Ertragswerts der baulichen Anlage vorliegen. Allerdings lassen sich nicht alle wertbeeinflussenden Umstände in klare mathematische Formeln fassen. Letztlich bleibt hier nur das gutachterliche Fingerspitzengefühl gefragt.

Formeln nicht immer erfolgreich

10. Beispielhafte Berechnung im Ertragswertverfahren

Sonja M. will ein Miethaus kaufen. Sie kalkuliert, welcher Kaufpreis angemessen ist. Sie hat folgende Daten in der nachstehenden Checkliste zusammengetragen.

Daten für das Ertragswertverfahren	
Restnutzungsdauer	*80 Jahre*
Aktueller Liegenschaftszins	*4 %*
Bodenwert	*200.000 DM*
Rohertrag	*70.000 DM*

Bewirtschaftungskosten
   Betriebskosten
   Instandhaltungskosten
   Mietausfallwagnis
	
	15.000 DM
	5.000 DM
	1.500 DM

Mit diesen Daten kann Sonja M. den Verkehrswert im Ertragswertverfahren bestimmen. Sie benutzt dazu folgendes Schema:

Berechnung des Verkehrswerts im Ertragswertverfahren:		
Bodenwert		200.000 DM
Wert der baulichen Anlage		
Rohertrag		70.000 DM
abzüglich Betriebskosten	15.000 DM	
Instandhaltungskosten	5.000 DM	
Mietausfallwagnis	1.500 DM	
Bewirtschaftungskosten	21.500 DM	−21.500 DM
Reinertrag des Grundstücks		48.500 DM
abzüglich Verzinsung des Bodenwerts		
$\dfrac{200.000 \text{ DM} \times 4}{100} =$		− 8.000 DM
Reinertrag der baulichen Anlage		40.500 DM
Vervielfältiger laut Tabelle		23,92
Ertragswert der baulichen Anlage		
40.500 DM x 23,92 =	968.760DM	968.760 DM
Ertragswert des Grundstücks		1.168.760 DM
Verkehrswert, gerundet		**1.200.000 DM**

11. Wie sich Baumängel und Bauschäden auswirken

Mängel und Schäden wertmindernd

Sehr häufig wirken sich bauliche Mängel und Schäden wertmindernd aus. Bevor Sie derartige Mängel und Schäden jedoch in Form eines Abschlags vom Ertragswert berücksichtigen, sollten Sie prüfen, ob sich diese Umstände nicht bereits in der Miete oder in Restnutzungsdauer niedergeschlagen haben.

Wenn Sie bereits einen nicht behebbaren Baumangel oder Bauschaden als Grund für eine kürzere Restnutzungsdauer angesehen haben, können Sie nicht noch zusätzlich einen Abschlag vom Ertragswert vornehmen.

Achten Sie in der Praxis auf folgende Baumängel, die zu einer Wertminderung führen können:

Baumängel

- Mangelhafte Statik
- Schlechte Feuchtigkeitsisolierung
- Schlechte Kälteisolierung
- Schlechte Schallisolierung
- Schlechte Verarbeitung
- Schlechte Wärmeisolierung
- Ungeeignete Baustoffe
- Unzureichende Belichtung
- Unzureichende Belüftung

Folgende Bauschäden können zu Wertminderungen führen unc sind im Allgemeinen aus einem Baumangel hervorgegangen:

Bauschäden

- Erschütterungsschäden
- Kriegsschäden
- Rauchschäden
- Risse im Mauerwerk wegen schlechter Dachisolierung
- Schwammschäden
- Wasserschäden
- Werkschäden

Versuchen Sie, die Höhe der Wertminderung abzuschätzen. Das gelingt Ihnen, wenn Sie eine Wertminderung in Höhe der Kosten ansetzen, die erforderlich wären, um die Mängel und Schäden zu beseitigen.

Abschlag in Höhe der Kosten

Achtung: Eine exaktere Berücksichtigung der Baumängel und Schäden setzt umfassende bautechnische Kenntnisse voraus, die der Gutachter oft nicht ohne externen Rat lösen kann.

12. So erfassen Sie die baulichen Außenanlagen

Außenanlagen meist im Rohertrag

Normalerweise sind bauliche Außenanlagen bei solchen Grundstücken recht selten, die zu den klassischen Ertragswertimmobilien gehören. Sie können davon ausgehen, dass die baulichen Außenanlagen im Allgemeinen bereits im Rohertrag erfasst sind. Deshalb brauchen Sie sich um die Bewertung der baulichen Außenanlagen in der Praxis nicht mehr zu bemühen. Zu den baulichen Außenanlagen gehören insbesondere:

- Einfriedungen
- Kinderspielgeräte
- Platzbefestigungen
- Schwimmbecken
- Stützmauern
- Tennisplätze
- Teppichklopfstangen
- Tore
- Wäschepfähle
- Wegebefestigungen
- Zäune

Grünanlagen, Nutzgärten selten zu erfassen

Achtung: Wenn schon die baulichen Außenanlagen bei den klassischen Ertragswertimmobilien nicht zu einem gesonderten Wertansatz führen, gilt dies erst recht für die sonstigen Anlagen. Hierbei handelt es sich überwiegend um Grünanlagen, Nutzgärten oder andere Anpflanzungen. Das gilt auch, wenn es sich um Schutzgrün- oder Gestaltungsgrünanlagen handelt.

Sie können zu Recht unterstellen, dass diese Anlagen bereits im Rohertrag pauschal erfasst sind und deshalb nicht gesondert bewertet werden.

Sachwertverfahren

5

Sachwertverfahren

1. Das sollten Sie wissen!

Bebaute Grundstücke sind immer dann im Sachwertverfahren zu bewerten, wenn es weniger um die Erträge des Grundstücks geht und der Wert der „Sache" im Vordergrund steht. Deshalb bewerten Sie insbesondere Einfamilienhäuser und Zweifamilienhäuser regelmäßig im Sachwertverfahren. Traditionell ist das der typische Anwendungsbereich für das Sachwertverfahren.

Wert der „Sache" entscheidend

Darüber hinaus gibt es aber auch noch weitere Grundstückstypen, die in Einzelfällen im Sachwertverfahren bewertet werden müssen. Das gilt, obwohl man im Grunde letztlich jedes Grundstück genau deshalb besitzt, um Geld mit ihm zu verdienen. Jedoch steht manchmal die Rendite weniger im Vordergrund. Ist die Substanz des Grundstücks von erheblicher Bedeutung, spricht das immer für das Sachwertverfahren.

Zum Sachwertverfahren gehören zwei wesentliche Schritte: Sie müssen einerseits den Wert des Grund und Bodens ermitteln und andererseits den Wert der Gebäude bestimmen. Die Summe von beiden Werten ist – vereinfacht – der Sachwert des gesamten bebauten Grundstücks.

Zwei Schritte sind nötig

Neben diesen beiden überschaubaren Schritten für den Grund und Boden sowie die Gebäude müssen Sie auch noch die Außenanlagen erfassen. In der Praxis können Sie den Wert der Außenanlagen durch einen Zuschlag oder durch eine Einzelbewertung der verschiedenen Außenanlagen berücksichtigen. Meistens begnügen sich die Gutachter mit einem Zuschlag.

Außenanlagen erfassen

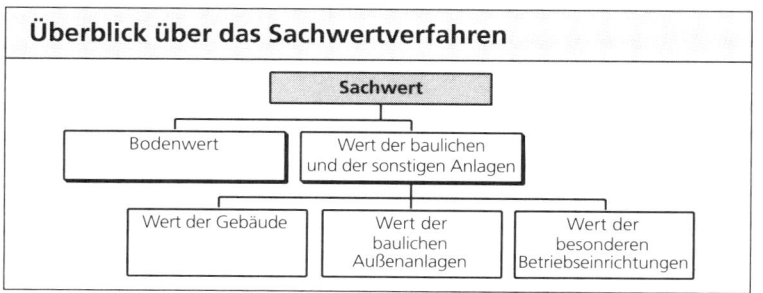

Überblick über das Sachwertverfahren

2. So berechnen Sie den Bodenwert

Bodenwert

Zu den einfacheren Bewertungsaufgaben gehört im Allgemeinen die Berechnung des Bodenwerts. Egal, ob Sie den Wert für ein unbebautes oder für ein bebautes Grundstück ermitteln wollen – den Wert des Grund und Bodens berechnen Sie in beiden Fällen nach demselben Muster.

Sie müssen den für das jeweilige Gebiet und den jeweiligen Wertermittlungszeitpunkt geltenden Bodenrichtwert pro Quadratmeter mit der Fläche des Grundstücks in Quadratmetern multiplizieren. Die Formel lautet wie folgt:

Formel für den Grund und Boden

Fläche des Grundstücks in Quadratmeter	x	Bodenrichtwert pro Quadratmeter

Vergleichswertverfahren ideal

Praxis-Tipp:

Ihre persönliche Kaufpreis-Sammlung hilft Ihnen auch bei einer genauen Wertermittlung für den Grund und Boden. Wenden Sie bei der Wertkomponente „Grund und Boden" das Vergleichswertverfahren an. Voraussetzung: Sie brauchen genügend geeignete Kauffälle, die im konkreten Bewertungsfall eine höhere Aussagekraft haben als der allgemein geltende Bodenrichtwert.

Bodenrichtwert

Obwohl die Bewertung des Bodenwerts überwiegend recht leicht ist, kann es in der Praxis ganz erhebliche Probleme geben, wenn Sie den zutreffenden Bodenrichtwert bestimmen wollen. Zwar sind die Gutachterausschüsse nach dem Baugesetzbuch verpflichtet, Bodenrichtwerte festzulegen. Allerdings können diese Bodenrichtwerte auch nicht jedem Einzelfall in allen Details gerecht werden. Dennoch sind die Bodenrichtwerte eine optimale Grundlage für die

Bewertungspraxis. Erkundigen Sie sich deshalb bei Ihrem Gutachterausschuss nach dem Bodenrichtwert.

Praxis-Tipp:

- Überwiegend erhalten Sie die erforderlichen Auskünfte bei den Gutachterausschüssen kostenlos. Das gilt aber nur, wenn Sie sich fernmündlich an den Gutachterausschuss wenden. Für schriftliche Auskünfte verlangen die Gutachterausschüsse Gebühren.

- Wenn Sie einen Internet-Anschluss besitzen, sollten Sie zunächst gezielt surfen. Besuchen Sie die Homepage der jeweiligen Stadt und suchen Sie dort gezielt nach dem Gutachterausschuss. Surfen Sie auch mal zur Internet-Seite „www.Gutachterausschuss.NRW.de".

Websites der Städte ansurfen

Der örtliche Gutachterausschuss leistet wertvolle Dienste. Er sammelt alle Veräußerungsfälle und berechnet die durchschnittlich gezahlten Kaufpreise. Anschließend legt er in einer gesonderten Sitzung fest, welche Bodenrichtwerte aufgrund der Kaufpreise in die so genannte Bodenrichtwertkarte eingetragen werden. In dieser Sitzung werden unterschiedliche Bodenrichtwerte festgestellt, die sich auf die verschiedenen Nutzungsmöglichkeiten und Nutzungsarten der typischen Grundstücke in der Region beziehen.

Gutachterausschuss sammelt Veräußerungsfälle

Lesen Sie aus der Bodenrichtwertkarte ab, welche Bodenrichtwerte Sie bei dem Grundstück ansetzen müssen, das Sie bewerten wollen.

Das von Ihnen zu bewertende Grundstück muss selbstverständlich in den wichtigen Bewertungsmerkmalen mit dem Grundstück übereinstimmen, das der Gutachterausschuss als „Referenz-Grundstück" definiert. Dieses Referenz-Grundstück ist das typische

Gutachterausschuss definiert das „Referenz-Grundstück"

Bodenrichtwertgrundstück, auf das sich die vom Gutachterausschuss festgelegten Bodenrichtwerte beziehen. Lesen Sie das entsprechende Kapitel zu den verschiedenen Aufgaben und Hilfen, die Ihnen der Gutachterausschuss bietet.

Wichtig: Achten Sie darauf, dass das zu bewertende Grundstück innerhalb der markierten Bodenrichtwert-Zone liegt.

3. So passen Sie den Bodenrichtwert an

Definition des Referenz-Grundstücks

Die Bodenrichtwerte beziehen sich immer wieder auf ein mehr oder minder klar definiertes Referenz-Grundstück. Die Definition des Gutachterausschusses fällt örtlich unterschiedlich aus. Nur so ist gewährleistet, dass der örtliche Gutachterausschuss die regionalen Besonderheiten berücksichtigen kann.

Beispiel:

In Ihrer Stadt sind Grundstücke für Einfamilienhäuser regelmäßig 500 qm groß. Der Gutachterausschuss wird die Bodenrichtwerte ebenfalls auf ein Referenz-Grundstück beziehen, das 500 qm groß ist.

Lagetypische Merkmale

Das zu bewertende Grundstück muss mit den lagetypischen Merkmalen des Bodenrichtwert-Grundstücks übereinstimmen. Lagetypische Merkmale sind insbesondere

- das Maß der zulässigen baulichen Nutzung
- die Geschossflächenzahl
- die Anzahl der möglichen Geschosse
- die Grundstückstiefe
- die Grundstücksgröße
- die Unterteilung in erschließungsbeitragspflichtiges oder erschließungsbeitragsfreies Bauland

Weichen die lagetypischen Merkmale des Bodenrichtwert-Grundstücks ab, muss der Bodenrichtwert entsprechend verändert werden. Dazu gibt es verschiedene Möglichkeiten. In der Praxis ist es wichtig, die Umrechnung bei abweichenden Geschossflächenzahlen anzuwenden, weil hier sehr schnell ganz erhebliche Differenzen auftreten können.

Falls das von Ihnen zu bewertende Grundstück wesentlich größer oder kleiner ist, müssen Sie diese Abweichungen ebenfalls durch entsprechende Umrechnungen berücksichtigen.

Im Allgemeinen liefern die Gutachterausschüsse Anhaltspunkte für eine solche Umrechnung schon mit. Lesen Sie die Legende, also das „Kleingedruckte" in der Bodenrichtwertkarte. Dort finden Sie wertvolle Hinweise, die Ihnen entscheidend helfen.

Legende ist das „Kleingedruckte"

Praxis-Tipp:

Besorgen Sie sich die Bodenrichtwertkarte. Nur so erhalten Sie sichere Bewertungsgrundlagen.

Die Karten sind von Gutachterausschuss zu Gutachterausschuss sehr unterschiedlich. In kleinen Städten handelt es sich dabei um eine Landkarte mit der Stadt oder der Region, in die einzelne Preise als Bodenrichtwerte eingezeichnet sind. In einigen Städten umfasst das Kartenwerk schon eines kleines Buch und wieder andere Städte geben die Bodenrichtwertkarten sogar auf CD-ROM heraus. Auch im Internet können Sie – teilweise sogar kostenlos – Bodenrichtwerte einsehen.

Bodenricht-wertkarten auf CD-ROM

Praxis-Tipp:

Eine schöne Internet-Seite finden Sie beispielsweise auch unter „http://www.wuppertal.de/gutachterausschuss/".

Geschossflächenzahl

Geschoss-
flächenzahl
prüfen

Sofern die Bodenrichtwertkarte eine Geschossflächenzahl zu dem Bodenrichtwert angibt, müssen Sie prüfen, ob für das zu bewertende Grundstück eine andere Geschossflächenzahl gilt. Das können Sie insbesondere dem Bebauungsplan entnehmen. Verzweifeln Sie aber nicht, wenn Sie bei einem Einfamilienhausgrundstück keine Geschossflächenzahl feststellen können. Möglicherweise existiert sie nicht. Denn es ist keineswegs zwingend, im Bebauungsplan für alle Grundstücke Geschossflächenzahlen festzulegen.

Definition
Geschoss-
flächenzahl

Mit der Geschossflächenzahl wird festgelegt, wie viel Quadratmeter Geschossfläche im Verhältnis zu einem Quadratmeter Grund und Boden geschaffen werden darf. Deshalb ist es leicht einsichtig, wenn ein Grundstück mit einer höheren Geschossflächenzahl wertvoller ist als das Bodenrichtwert-Grundstück: Das zu bewertende Grundstück kann baulich besser ausgenutzt werden.

Fehlen in der Legende zur Bodenrichtwertkarte entsprechende Angaben, nutzen Sie folgende Faktoren zur Umrechnung. Das folgende Beispiel veranschaulicht, wie die Tabelle zu nutzen ist.

Beispiel: —————————————————————

Der Bodenrichtwert eines Grundstücks beträgt 300 DM/qm bei einer Geschossflächenzahl von 0,8 (= GFZ für das Richtwertgrundstück). Das zu bewertende Grundstück hat eine Geschossflächenzahl von 0,6 (= GFZ für das zu bewertende Grundstück).

Aus der Tabelle ergibt sich ein Faktor von 0,88, den Sie mit dem Bodenrichtwert multiplizieren müssen. Es ist folgender Bodenrichtwert pro Quadratmeter anzusetzen:

300 DM/qm x 0,88 = **264 DM/qm**

Faktoren bei abweichenden Geschossflächenzahlen (GFZ)

GFZ für das Richtwertgrundstück

GFZ für das zu bewertende Grundstück	0,1	0,2	0,3	0,4	0,5	0,6	0,7	0,8	0,9	1,0	1,1	1,2	1,3	1,4	1,5	1,6	1,7	1,8	1,9	2,0	2,1	2,2	2,3	2,4	2,5	2,6	2,7	2,8	2,9	3,0
0,1	1,00	0,81	0,70	0,62	0,57	0,52	0,49	0,46	0,43	0,41	0,39	0,37	0,36	0,34	0,33	0,32	0,31	0,30	0,29	0,28	0,28	0,27	0,26	0,25	0,25	0,24	0,24	0,23	0,23	0,22
0,2	1,24	1,00	0,86	0,77	0,70	0,65	0,60	0,57	0,54	0,51	0,48	0,46	0,44	0,43	0,41	0,40	0,38	0,37	0,36	0,35	0,34	0,33	0,32	0,32	0,31	0,30	0,29	0,29	0,28	0,28
0,3	1,44	1,16	1,00	0,89	0,81	0,75	0,70	0,66	0,62	0,59	0,56	0,54	0,51	0,49	0,48	0,46	0,45	0,43	0,42	0,41	0,40	0,38	0,37	0,37	0,36	0,35	0,34	0,33	0,33	0,32
0,4	1,61	1,30	1,12	1,00	0,91	0,84	0,78	0,74	0,69	0,66	0,63	0,60	0,58	0,55	0,53	0,52	0,50	0,48	0,47	0,46	0,44	0,43	0,42	0,41	0,40	0,39	0,38	0,37	0,37	0,36
0,5	1,77	1,42	1,23	1,10	1,00	0,92	0,86	0,81	0,76	0,72	0,69	0,66	0,63	0,61	0,59	0,57	0,55	0,53	0,51	0,50	0,49	0,47	0,46	0,45	0,44	0,43	0,42	0,41	0,40	0,39
0,6	1,92	1,54	1,33	1,19	1,08	1,00	0,93	0,88	0,83	0,78	0,75	0,72	0,69	0,66	0,64	0,61	0,59	0,57	0,56	0,54	0,53	0,51	0,50	0,49	0,48	0,47	0,45	0,44	0,44	0,43
0,7	2,05	1,66	1,43	1,28	1,16	1,07	1,00	0,94	0,89	0,84	0,80	0,77	0,74	0,71	0,68	0,66	0,64	0,62	0,60	0,58	0,57	0,55	0,54	0,52	0,51	0,50	0,49	0,48	0,47	0,46
0,8	2,19	1,76	1,52	1,36	1,24	1,14	1,06	1,00	0,94	0,90	0,85	0,82	0,78	0,75	0,73	0,70	0,68	0,66	0,64	0,62	0,60	0,59	0,57	0,56	0,54	0,53	0,52	0,51	0,50	0,49
0,9	2,32	1,87	1,61	1,44	1,31	1,21	1,13	1,06	1,00	0,95	0,90	0,87	0,83	0,80	0,77	0,74	0,72	0,70	0,67	0,66	0,64	0,62	0,60	0,59	0,58	0,56	0,55	0,54	0,53	0,52
1,0	2,44	1,97	1,70	1,52	1,38	1,27	1,19	1,12	1,05	1,00	0,95	0,91	0,87	0,84	0,81	0,78	0,76	0,73	0,71	0,69	0,67	0,65	0,64	0,62	0,61	0,59	0,58	0,57	0,56	0,54
1,1	2,56	2,06	1,78	1,59	1,45	1,34	1,25	1,17	1,11	1,05	1,00	0,96	0,92	0,88	0,85	0,82	0,79	0,77	0,75	0,72	0,70	0,69	0,67	0,65	0,64	0,62	0,61	0,59	0,58	0,57
1,2	2,68	2,16	1,86	1,66	1,52	1,40	1,30	1,22	1,16	1,10	1,05	1,00	0,96	0,92	0,89	0,86	0,83	0,80	0,78	0,76	0,74	0,72	0,70	0,68	0,67	0,65	0,64	0,62	0,61	0,60
1,3	2,79	2,25	1,94	1,73	1,58	1,46	1,36	1,28	1,21	1,14	1,09	1,04	1,00	0,96	0,93	0,89	0,87	0,84	0,81	0,79	0,77	0,75	0,73	0,71	0,69	0,68	0,66	0,65	0,63	0,62
1,4	2,90	2,34	2,02	1,80	1,64	1,52	1,41	1,33	1,25	1,19	1,13	1,08	1,04	1,00	0,96	0,93	0,90	0,87	0,85	0,82	0,80	0,78	0,76	0,74	0,72	0,71	0,69	0,67	0,66	0,65
1,5	3,01	2,43	2,10	1,87	1,70	1,57	1,47	1,38	1,30	1,23	1,18	1,13	1,08	1,04	1,00	0,97	0,93	0,90	0,88	0,85	0,83	0,81	0,79	0,77	0,75	0,73	0,72	0,70	0,69	0,67
1,6	3,12	2,52	2,17	1,94	1,77	1,63	1,52	1,43	1,35	1,28	1,22	1,17	1,12	1,07	1,04	1,00	0,97	0,94	0,91	0,88	0,86	0,84	0,81	0,79	0,78	0,76	0,74	0,73	0,71	0,70
1,7	3,23	2,60	2,25	2,01	1,83	1,68	1,57	1,47	1,39	1,32	1,26	1,21	1,16	1,11	1,07	1,03	1,00	0,97	0,94	0,91	0,89	0,86	0,84	0,82	0,80	0,78	0,77	0,75	0,73	0,72

noch: Faktoren bei abweichenden Geschossflächenzahlen (GFZ)

GFZ für das Richtwertgrundstück

GFZ für das zu bewertende Grundstück	0,1	0,2	0,3	0,4	0,5	0,6	0,7	0,8	0,9	1,0	1,1	1,2	1,3	1,4	1,5	1,6	1,7	1,8	1,9	2,0	2,1	2,2	2,3	2,4	2,5	2,6	2,7	2,8	2,9	3,0
1,8	3,33	2,69	2,32	2,07	1,88	1,74	1,62	1,52	1,44	1,36	1,30	1,24	1,19	1,15	1,11	1,07	1,03	1,00	0,97	0,94	0,92	0,89	0,87	0,85	0,83	0,81	0,79	0,77	0,76	0,74
1,9	3,43	2,77	2,39	2,13	1,94	1,79	1,67	1,57	1,48	1,41	1,34	1,28	1,23	1,18	1,14	1,10	1,06	1,03	1,00	0,97	0,94	0,92	0,90	0,87	0,85	0,83	0,82	0,80	0,78	0,77
2,0	3,54	2,85	2,46	2,20	2,00	1,85	1,72	1,62	1,53	1,45	1,38	1,32	1,27	1,22	1,17	1,13	1,10	1,06	1,03	1,00	0,97	0,95	0,92	0,90	0,88	0,86	0,84	0,82	0,80	0,79
2,1	3,64	2,93	2,53	2,26	2,06	1,90	1,77	1,66	1,57	1,49	1,42	1,36	1,30	1,25	1,21	1,16	1,13	1,09	1,06	1,03	1,00	0,97	0,95	0,93	0,90	0,88	0,86	0,84	0,83	0,81
2,2	3,73	3,01	2,60	2,32	2,11	1,95	1,82	1,71	1,61	1,53	1,46	1,39	1,34	1,29	1,24	1,20	1,16	1,12	1,09	1,06	1,03	1,00	0,97	0,95	0,93	0,91	0,89	0,87	0,85	0,83
2,3	3,83	3,09	2,67	2,38	2,17	2,00	1,86	1,75	1,65	1,57	1,50	1,43	1,37	1,32	1,27	1,23	1,19	1,15	1,12	1,08	1,05	1,03	1,00	0,98	0,95	0,93	0,91	0,89	0,87	0,85
2,4	3,93	3,17	2,73	2,44	2,22	2,05	1,91	1,80	1,70	1,61	1,53	1,47	1,41	1,35	1,30	1,26	1,22	1,18	1,14	1,11	1,08	1,05	1,03	1,00	0,98	0,95	0,93	0,91	0,89	0,88
2,5	4,02	3,24	2,80	2,50	2,28	2,10	1,96	1,84	1,74	1,65	1,57	1,50	1,44	1,39	1,34	1,29	1,25	1,21	1,17	1,14	1,11	1,08	1,05	1,02	1,00	0,98	0,96	0,93	0,92	0,90
2,6	4,12	3,32	2,87	2,56	2,33	2,15	2,00	1,88	1,78	1,69	1,61	1,54	1,47	1,42	1,37	1,32	1,28	1,24	1,20	1,16	1,13	1,10	1,07	1,05	1,02	1,00	0,98	0,96	0,94	0,92
2,7	4,21	3,40	2,93	2,62	2,38	2,20	2,05	1,92	1,82	1,73	1,64	1,57	1,51	1,45	1,40	1,35	1,31	1,26	1,23	1,19	1,16	1,13	1,10	1,07	1,05	1,02	1,00	0,98	0,96	0,94
2,8	4,31	3,47	3,00	2,67	2,44	2,25	2,10	1,97	1,86	1,76	1,68	1,61	1,54	1,48	1,43	1,38	1,33	1,29	1,25	1,22	1,18	1,15	1,12	1,10	1,07	1,05	1,02	1,00	0,98	0,96
2,9	4,40	3,54	3,06	2,73	2,49	2,30	2,14	2,01	1,90	1,80	1,72	1,64	1,57	1,51	1,46	1,41	1,36	1,32	1,28	1,24	1,21	1,18	1,15	1,12	1,09	1,07	1,04	1,02	1,00	0,98
3,0	4,49	3,62	3,12	2,79	2,54	2,34	2,18	2,05	1,94	1,84	1,75	1,68	1,61	1,55	1,49	1,44	1,39	1,35	1,31	1,27	1,23	1,20	1,17	1,14	1,12	1,09	1,07	1,04	1,02	1,00
3,1	4,58	3,69	3,19	2,85	2,59	2,39	2,23	2,09	1,98	1,88	1,79	1,71	1,64	1,58	1,52	1,47	1,42	1,37	1,33	1,30	1,26	1,23	1,20	1,17	1,14	1,11	1,09	1,06	1,04	1,02
3,2	4,67	3,76	3,25	2,90	2,64	2,44	2,27	2,13	2,02	1,91	1,82	1,74	1,67	1,61	1,55	1,50	1,45	1,40	1,36	1,32	1,28	1,25	1,22	1,19	1,16	1,13	1,11	1,08	1,06	1,04
3,3	4,76	3,84	3,31	2,96	2,69	2,48	2,32	2,17	2,05	1,95	1,86	1,78	1,70	1,64	1,58	1,52	1,47	1,43	1,39	1,35	1,31	1,27	1,24	1,21	1,18	1,16	1,13	1,11	1,08	1,06
3,4	4,85	3,91	3,37	3,01	2,74	2,53	2,36	2,22	2,09	1,99	1,89	1,81	1,74	1,67	1,61	1,55	1,50	1,46	1,41	1,37	1,33	1,30	1,27	1,23	1,20	1,18	1,15	1,13	1,10	1,08
3,5	4,94	3,98	3,44	3,07	2,79	2,58	2,40	2,26	2,13	2,02	1,93	1,84	1,77	1,70	1,64	1,58	1,53	1,48	1,44	1,40	1,36	1,32	1,29	1,26	1,23	1,20	1,17	1,15	1,12	1,10

noch: Faktoren bei abweichenden Geschossflächenzahlen (GFZ)

GFZ für das Richtwertgrundstück

GFZ	0,1	0,2	0,3	0,4	0,5	0,6	0,7	0,8	0,9	1,0	1,1	1,2	1,3	1,4	1,5	1,6	1,7	1,8	1,9	2,0	2,1	2,2	2,3	2,4	2,5	2,6	2,7	2,8	2,9	3,0
3,6	5,02	4,05	3,50	3,12	2,84	2,62	2,44	2,30	2,17	2,06	1,96	1,88	1,80	1,73	1,67	1,61	1,56	1,51	1,46	1,42	1,38	1,35	1,31	1,28	1,25	1,22	1,19	1,17	1,14	1,12
3,7	5,11	4,12	3,56	3,18	2,89	2,67	2,49	2,34	2,21	2,09	2,00	1,91	1,83	1,76	1,70	1,64	1,58	1,53	1,49	1,45	1,41	1,37	1,33	1,30	1,27	1,24	1,21	1,19	1,16	1,14
3,8	5,20	4,19	3,62	3,23	2,94	2,71	2,53	2,38	2,24	2,13	2,03	1,94	1,86	1,79	1,72	1,67	1,61	1,56	1,51	1,47	1,43	1,39	1,36	1,32	1,29	1,26	1,23	1,21	1,18	1,16
3,9	5,28	4,26	3,68	3,28	2,99	2,76	2,57	2,41	2,28	2,16	2,06	1,97	1,89	1,82	1,75	1,69	1,64	1,59	1,54	1,49	1,45	1,42	1,38	1,35	1,31	1,28	1,25	1,23	1,20	1,18
4,0	5,37	4,33	3,74	3,34	3,04	2,80	2,61	2,45	2,32	2,20	2,10	2,00	1,92	1,85	1,78	1,72	1,66	1,61	1,56	1,52	1,48	1,44	1,40	1,37	1,33	1,30	1,27	1,25	1,22	1,20
4,1	5,45	4,40	3,80	3,39	3,09	2,85	2,65	2,49	2,35	2,23	2,13	2,04	1,95	1,88	1,81	1,75	1,69	1,64	1,59	1,54	1,50	1,46	1,42	1,39	1,36	1,32	1,29	1,27	1,24	1,22
4,2	5,54	4,46	3,86	3,44	3,13	2,89	2,70	2,53	2,39	2,27	2,16	2,07	1,98	1,91	1,84	1,77	1,72	1,66	1,61	1,57	1,52	1,48	1,45	1,41	1,38	1,34	1,32	1,29	1,26	1,23
4,3	5,62	4,53	3,91	3,49	3,18	2,94	2,74	2,57	2,43	2,30	2,20	2,10	2,01	1,94	1,87	1,80	1,74	1,69	1,64	1,59	1,55	1,51	1,47	1,43	1,40	1,37	1,34	1,31	1,28	1,25
4,4	5,71	4,60	3,97	3,55	3,23	2,98	2,78	2,61	2,46	2,34	2,23	2,13	2,04	1,97	1,89	1,83	1,77	1,71	1,66	1,61	1,57	1,53	1,49	1,45	1,42	1,39	1,35	1,33	1,30	1,27
4,5	5,79	4,67	4,03	3,60	3,28	3,02	2,82	2,65	2,50	2,37	2,26	2,16	2,07	1,99	1,92	1,86	1,79	1,74	1,69	1,64	1,59	1,55	1,51	1,47	1,44	1,41	1,37	1,35	1,32	1,29
4,6	5,87	4,73	4,09	3,65	3,32	3,07	2,86	2,68	2,54	2,41	2,29	2,19	2,10	2,02	1,95	1,88	1,82	1,76	1,71	1,66	1,62	1,57	1,53	1,50	1,46	1,43	1,39	1,36	1,34	1,31
4,7	5,96	4,80	4,15	3,70	3,37	3,11	2,90	2,72	2,57	2,44	2,33	2,22	2,13	2,05	1,98	1,91	1,85	1,79	1,73	1,68	1,64	1,60	1,55	1,52	1,48	1,45	1,41	1,38	1,35	1,33
4,8	6,04	4,87	4,20	3,75	3,42	3,15	2,94	2,76	2,61	2,47	2,36	2,26	2,16	2,08	2,00	1,93	1,87	1,81	1,76	1,71	1,66	1,62	1,58	1,54	1,50	1,47	1,43	1,40	1,37	1,35
4,9	6,12	4,93	4,26	3,80	3,46	3,20	2,98	2,80	2,64	2,51	2,39	2,29	2,19	2,11	2,03	1,96	1,90	1,84	1,78	1,73	1,68	1,64	1,60	1,56	1,52	1,49	1,45	1,42	1,39	1,36
5,0	6,20	5,00	4,32	3,85	3,51	3,24	3,02	2,83	2,68	2,54	2,42	2,32	2,22	2,14	2,06	1,99	1,92	1,86	1,81	1,75	1,71	1,66	1,62	1,58	1,54	1,51	1,47	1,44	1,41	1,38
5,1	6,28	5,07	4,37	3,90	3,56	3,28	3,06	2,87	2,71	2,57	2,45	2,35	2,25	2,16	2,09	2,01	1,95	1,89	1,83	1,78	1,73	1,68	1,64	1,60	1,56	1,53	1,49	1,46	1,43	1,40
5,2	6,37	5,13	4,43	3,95	3,60	3,32	3,10	2,91	2,75	2,61	2,49	2,38	2,28	2,19	2,11	2,04	1,97	1,91	1,85	1,80	1,75	1,70	1,66	1,62	1,58	1,55	1,51	1,48	1,45	1,42
5,3	6,45	5,20	4,49	4,01	3,65	3,37	3,14	2,95	2,78	2,64	2,52	2,41	2,31	2,22	2,14	2,07	2,00	1,94	1,88	1,82	1,77	1,73	1,68	1,64	1,60	1,57	1,53	1,50	1,47	1,44

GFZ für das zu bewertende Grundstück

noch: Faktoren bei abweichenden Geschossflächenzahlen (GFZ)

	GFZ für das Richtwertgrundstück																													
	0,1	0,2	0,3	0,4	0,5	0,6	0,7	0,8	0,9	1,0	1,1	1,2	1,3	1,4	1,5	1,6	1,7	1,8	1,9	2,0	2,1	2,2	2,3	2,4	2,5	2,6	2,7	2,8	2,9	3,0
5,4	6,53	5,26	4,54	4,06	3,69	3,41	3,18	2,98	2,82	2,67	2,55	2,44	2,34	2,25	2,17	2,09	2,02	1,96	1,90	1,85	1,80	1,75	1,70	1,66	1,62	1,58	1,55	1,52	1,48	1,45
5,5	6,61	5,33	4,60	4,10	3,74	3,45	3,22	3,02	2,85	2,71	2,58	2,47	2,37	2,28	2,19	2,12	2,05	1,98	1,92	1,87	1,82	1,77	1,72	1,68	1,64	1,60	1,57	1,53	1,50	1,47
5,6	6,69	5,39	4,65	4,15	3,78	3,49	3,25	3,06	2,89	2,74	2,61	2,50	2,39	2,30	2,22	2,14	2,07	2,01	1,95	1,89	1,84	1,79	1,75	1,70	1,66	1,62	1,59	1,55	1,52	1,49
5,7	6,77	5,45	4,71	4,20	3,83	3,53	3,29	3,09	2,92	2,77	2,64	2,53	2,42	2,33	2,25	2,17	2,10	2,03	1,97	1,91	1,86	1,81	1,77	1,72	1,68	1,64	1,61	1,57	1,54	1,51
5,8	6,85	5,52	4,77	4,25	3,87	3,57	3,33	3,13	2,96	2,80	2,67	2,56	2,45	2,36	2,27	2,19	2,12	2,05	1,99	1,94	1,88	1,83	1,79	1,74	1,70	1,66	1,63	1,59	1,56	1,53
5,9	6,92	5,58	4,82	4,30	3,92	3,62	3,37	3,16	2,99	2,84	2,70	2,59	2,48	2,38	2,30	2,22	2,15	2,08	2,02	1,96	1,90	1,85	1,81	1,76	1,72	1,68	1,64	1,61	1,57	1,54
6,0	7,00	5,65	4,88	4,35	3,96	3,66	3,41	3,20	3,02	2,87	2,73	2,62	2,51	2,41	2,32	2,24	2,17	2,10	2,04	1,98	1,93	1,88	1,83	1,78	1,74	1,70	1,66	1,63	1,59	1,56
6,1	7,08	5,71	4,93	4,40	4,01	3,70	3,45	3,24	3,06	2,90	2,77	2,64	2,54	2,44	2,35	2,27	2,19	2,13	2,06	2,00	1,95	1,90	1,85	1,80	1,76	1,72	1,68	1,65	1,61	1,58
6,2	7,16	5,77	4,98	4,45	4,05	3,74	3,48	3,27	3,09	2,93	2,80	2,67	2,56	2,47	2,38	2,29	2,22	2,15	2,09	2,03	1,97	1,92	1,87	1,82	,178	1,74	1,70	1,66	1,63	1,60
6,3	7,24	5,83	5,04	4,50	4,10	3,78	1,52	3,31	3,12	2,97	2,83	2,70	2,59	2,49	2,40	2,32	2,24	2,17	2,11	2,05	1,99	1,94	1,89	1,84	1,80	1,76	1,72	1,68	1,65	1,61
6,4	7,32	5,90	5,09	4,55	4,14	3,82	3,56	3,34	3,16	3,00	2,86	2,73	2,62	2,52	2,43	2,34	2,27	2,20	2,13	2,07	2,01	1,96	1,91	1,86	1,82	1,78	1,74	1,70	1,66	1,63
6,5	7,39	5,96	5,15	4,59	4,18	3,86	3,60	3,38	3,19	3,03	2,89	2,76	2,65	2,55	2,45	2,37	2,29	2,22	2,15	2,09	2,03	1,98	1,93	1,88	1,84	1,80	1,76	1,72	1,68	1,65

GFZ für das zu bewertende Grundstück

Berechnung der Umrechnungskoeffizienten

Wenn die Faktorentabelle in den Fällen der abweichenden Geschossflächenzahl nicht ausreicht, können Sie die Umrechnungskoeffizienten selbst errechnen. Nutzen Sie dazu die folgende Formel:

$$U_k = 0,6 \times \sqrt{GFZ} + 0,2 \times GFZ + 0,2$$

U_k = Umrechnungskoeffizient
GFZ = Geschossflächenzahl

Setzen Sie diese Umrechnungskoeffizienten zur Berechnung des maßgebenden Bodenrichtwerts in nachstehende Formel ein:

$$\frac{\text{Umrechnungskoeffizient für die Geschossflächenzahl des zu bewertenden Grundstücks}}{\text{Umrechnungskoeffizient für die Geschossflächenzahl des Bodenrichtwertgrundstücks}} \times \text{Bodenrichtwert} = \text{Bodenwert/m}^2$$

Berechnungsbeispiele zur abweichenden Geschossflächenzahl

Beispiel 1

Der Bodenrichtwert eines Grundstücks beträgt 300 DM/qm bei einer Geschossflächenzahl von 4,0. Das zu bewertende Grundstück hat eine tatsächliche Geschossflächenzahl von 7,0. Der Bodenwert/qm beträgt:

Der Umrechnungskoeffizient für eine Geschossflächenzahl von 4,0 beträgt nach der Formel:

$$U_k = 0{,}6 \times \sqrt{GFZ} + 0{,}2 \times GFZ + 0{,}2$$

$$U_k = 0{,}6 \times \sqrt{4} + 0{,}2 \times 4 + 0{,}2$$

$$U_k = 2{,}20$$

Der Umrechnungskoeffizient für eine Geschossflächenzahl von 7,0 beträgt nach der Formel:

$$U_k = 0{,}6 \times \sqrt{GFZ} + 0{,}2 \times GFZ + 0{,}2$$

$$U_k = 0{,}6 \times \sqrt{7} + 0{,}2 \times 7 + 0{,}2$$

$$U_k = 3{,}19$$

Aus der Umrechnungsformel ergibt sich folgender Bodenrichtwert pro Quadratmeter:

$$\frac{\substack{3{,}19 \\ \text{(Umrechnungskoeffizient bei} \\ \text{einer Geschossflächenzahl von 7,0)}}}{\substack{2{,}20 \\ \text{(Umrechnungskoeffizient bei} \\ \text{einer Geschossflächenzahl von 4,0)}}} \times \quad 300\ \text{DM/m}^2 = 435\ \text{DM/m}^2$$

Beispiel 2

Der Bodenrichtwert eines Grundstücks beträgt 300 DM/qm bei einer Geschossflächenzahl von 5,0. Das zu bewertende Grundstück hat eine tatsächliche Geschossflächenzahl von 3,8. Der Boden-wert/qm beträgt nach der oben angeführten Formel:

Der Umrechnungskoeffizient für eine Geschossflächenzahl von 5,0 beträgt nach der Formel:

$$U_k = 0{,}6 \times \sqrt{GFZ} + 0{,}2 \times GFZ + 0{,}2$$

$$U_k = 0{,}6 \times \sqrt{5} + 0{,}2 \times 5 + 0{,}2$$

$$U_k = 2{,}54$$

Der Umrechnungskoeffizient für eine Geschossflächenzahl von 7,0 beträgt nach der Formel:

$$U_k = 0{,}6 \times \sqrt{GFZ} + 0{,}2 \times GFZ + 0{,}2$$

$$U_k = 0{,}6 \times \sqrt{3{,}8} + 0{,}2 \times 3{,}8 + 0{,}2$$

$$U_k = 2{,}13$$

Aus der Umrechnungsformel ergibt sich folgender Bodenrichtwert pro Quadratmeter:

$$\frac{\substack{2{,}13 \\ \text{(Umrechnungskoeffizient bei} \\ \text{einer Geschossflächenzahl von 3,8)}}}{\substack{2{,}54 \\ \text{(Umrechnungskoeffizient bei} \\ \text{einer Geschossflächenzahl von 4,0)}}} \times 300\ DM/m^2 = 252\ DM/m^2$$

Erschließung

*Erschließung
einbeziehen*

Die Erschließung erhöht den Wert eines Grundstücks. Sie ist jedoch regelmäßig kein werterhöhendes Merkmal des einzelnen Grundstücks. Vielmehr bezieht sich die Erschließung auf sämtliche Grundstücke an einer Straße oder in einer Gegend. Deshalb ist sie im Allgemeinen bereits im Bodenrichtwert berücksichtigt.

Sobald die Erschließungsanlagen ganz oder in einem Bauabschnitt endgültig hergestellt sind, ist der Wert der betroffenen Grundstücke höher. Egal, ob die Gemeinde bereits Erschließungsbeiträge angefordert hat oder ob sie Vorauszahlungen verlangt hat. Ebenso ist es ohne Bedeutung, ob der Eigentümer des Grundstücks vor der Erschließung Vorauszahlungen leisten musste.

Weitere wertbeeinflussende Merkmale

*Wert-
beeinflussende
Merkmale*

Achten Sie auf weitere wertbeeinflussende Merkmale, die im Bodenrichtwert des Gutachterausschusses nicht oder nur unvollkommen berücksichtigt sind. Auch diese Merkmale müssen Sie bei dem Wertansatz beurteilen, den Sie für das Grundstück ansetzen wollen. Zu den wertbeeinflussenden Merkmalen gehören insbesondere:

- Ecklage
- Zuschnitt
- Oberflächenbeschaffenheit
- Beschaffenheit des Baugrundes
- Außenanlagen
- Lärmbelästigungen
- Staubbelästigungen
- Geruchsbelästigungen
- Altlasten
- Grunddienstbarkeiten

Grundstücke im Außenbereich

Im Außenbereich kommen Sie manchmal mit der Bodenrichtwertkarte nicht sofort weiter. Denn die Karten gelten überwiegend nur für die Bereiche innerhalb der Stadt. Oft geben die Gutachterausschüsse aber eine Preisspanne an, die Sie bei Grundstücken im Außenbereich verwerten können.

Preisspannen im Außenbereich

Beispiel:

In der Legende zur Bodenrichtwertkarte führt der Gutachterausschuss aus, dass bei Einfamilienhausgrundstücken im Außenbereich eine durchschnittliche Grundstücksgröße von 1.000 qm vorhanden ist und der Bodenrichtwert für diese Grundstücke pro Quadratmeter 150 DM beträgt. Darüber hinausgehende Grundstücksgrößen sind mit 15 DM/qm als Grünland oder Ackerland zu erfassen.

Das von Ihnen zu bewertende Grundstück ist mit einem Einfamilienhaus bebaut und verfügt über eine Fläche von 1.500 qm.

Rechnen Sie wie folgt:

Fläche insgesamt	1.500 qm	
übliche Größe	1.000 qm x 150 DM/qm =	150.000 DM
Restfläche	500 qm x 15 DM/qm =	7.500 DM
Wert des Grund und Bodens insgesamt		**157.500 DM**

Was die Abkürzungen in den Richtwertkarten bedeuten

Die Abkürzungen in den Richtwertkarten werden meistens in der Karte selbst erläutert. Die wichtigsten wertbeeinflussenden Merkmale bedeuten:

Definition der Abkürzungen

Abkürzung	Bedeutung
B	⇨ baureifes Land
R	⇨ Rohbauland
E	⇨ Bauerwartungsland
W	⇨ Wohnbauflächen
WS	⇨ Kleinsiedlungsgebiet
WR	⇨ Reines Wohngebiet
WA	⇨ Allgemeines Wohngebiet
WB	⇨ Besonderes Wohngebiet
M	⇨ gemischte Baufläche
MD	⇨ Dorfgebiet
MI	⇨ Mischgebiet
MK	⇨ Kerngebiet
G	⇨ gewerbliche Baufläche
GE	⇨ Gewerbegebiet
GI	⇨ Industriegebiet
S	⇨ Sonderbaufläche
SW	⇨ Wochenendhausgebiet
SO	⇨ Sondergebiet
o	⇨ offene Bauweise
g	⇨ geschlossene Bauweise

Fläche des Grundstücks

Normalerweise ist die Grundstücksgröße kein Problem. Dennoch sollten Sie immer auf Nummer sicher gehen und die tatsächliche Grundstücksgröße kontrollieren. Schauen Sie dazu in die Auszüge des Grundbuchs oder des Grundbesitzkatasters. Lassen Sie sich diese Unterlagen vom Eigentümer des Grundstücks zeigen oder sehen Sie das Grundbuch ein.

Grund-
stücksgröße
kontrollieren

Praxis-Tipp:

Immer wieder zeigt sich, wie wichtig eine gewissenhafte Kontrolle der Grundstücksgröße ist. Oft wurde bei einem Vergleich der theoretischen Grenzen mit dem tatsächlich errichteten Zaun festgestellt, dass seit vielen Jahren völlig falsche Grundstücksgrenzen akzeptiert wurden!

Neben der Grundstücksgröße ist der Zuschnitt des Grundstücks wichtig, also die geometrische Form. Sehr ungünstig geschnittene Grundstücke haben verständlicherweise einen viel niedrigeren Wert als Grundstücke mit regelmäßigen Abmessungen. Das gilt selbst dann, wenn die objektiv vorhandene Grundstücksgröße identisch ist.

Zuschnitt

Eine ungewöhnliche Grundstückstiefe kann es erforderlich machen, zwischen Vorderland und dem baulich im Allgemeinen kaum nutzbaren Hinterland zu unterscheiden. Ob und bis zu welcher Grundstückstiefe Vorderland und Hinterland anzunehmen ist, entscheidet sich nach den ortsüblichen Verhältnissen.

Grundstücks-
tiefe

Praxis-Tipp:

Kontrollieren Sie, ob in der Bodenrichtwertkarte zwischen Vorder- und Hinterland unterschieden wird. Fragen Sie im Zweifelsfall beim Gutachterausschuss nach.

Gutachterausschuss richtig nutzen

Der Gutachterausschuss besteht aus einem Vorsitzenden und weiteren ehrenamtlichen Gutachtern, die besonderes Fachwissen auf dem Gebiet der Grundstücks- und Gebäudebewertung besitzen.

Aufgaben des Gutachterausschusses

Der Gutachterausschuss hat insbesondere folgende Aufgaben:

- Führung und Auswertung einer Kaufpreissammlung
- Ableitung der zur Wertermittlung erforderlichen Daten
- Erstattung von Gutachten über den Wert von unbebauten Grundstücken
- Erstattung von Gutachten über den Wert von bebauten Grundstücken
- Jährliche Ermittlung und Veröffentlichung der Bodenrichtwerte
- Erstellung von Übersichten
- Erteilung von Bodenrichtwertauskünften
- Ermittlung von Grundstückswerten in förmlich festgelegten Sanierungsgebieten
- Erstattung von Gutachten über Miet- und Pachtwerte

Gutachterausschuss: unabhängiges Gremium

Achtung: Der Gutachterausschuss erstattet als unabhängiges Gremium sowohl für Bürger als auch für Behörden objektive, durch keine persönlichen Interessen beeinflusste Wertgutachten. Er ist an Weisungen nicht gebunden.

Bodenrichtwertkarte des Gutachterausschusses

Bodenrichtwertkarte kaufen

Bodenrichtwerte sind allgemeine Grundstückslagewerte mit für den Bereich im Wesentlichen gleichen Nutzungsverhältnissen. Sie werden zum Ende eines jeden Jahres durch den Gutachterausschuss neu ermittelt und in der Bodenrichtwertkarte veröffentlicht. Die Bodenrichtwertkarte können Sie beim jeweiligen Gutachterausschuss zu unterschiedlichen Preisen kaufen.

Den Bodenrichtwert dürfen Sie nicht automatisch mit dem Bodenwert eines speziellen Grundstückes gleichsetzen. Weicht das spezielle Grundstück in seinen tatsächlichen Eigenschaften, den rechtlichen Gegebenheiten oder der sonstigen Beschaffenheit von dem Richtwertgrundstück ab, weicht der Bodenwert häufig erheblich vom Bodenrichtwert ab.

Grundstücksmarktbericht des Gutachterausschusses

Der Gutachterausschuss stellt das Ergebnis aller Auswertungen jährlich in einem Marktbericht zusammen. Der Grundstücksmarktbericht enthält Durchschnittswerte für unbebaute Flächen, für Ein- und Zweifamilienhäuser sowie für Eigentumswohnungen. Bei den bebauten Grundstücken wird zwischen dem Verkauf von Neubauten und gebrauchten Immobilien unterschieden. Außerdem finden Sie im Grundstücksmarktbericht sonstige für die Wertermittlung wichtige Daten, wie beispielsweise Bodenindexreihen, Liegenschaftszinssätze und regionale Marktanpassungsfaktoren für die Sachwertberechnung. Den Grundstücksmarktbericht können Sie beim Gutachterausschuss kaufen.

Grundstücks-marktbericht

Gutachten durch den Gutachterausschuss

Der Gutachterausschuss fertigt auf Antrag von Behörden oder privaten Personen Gutachten über bebaute und unbebaute Grundstücke. Antragsberechtigt sind Eigentümer, ihnen gleichstehende Berechtigte (z. B. Erbbauberechtigte), Inhaber anderer Rechte am Grundstück sowie Pflichtteilsberechtigte.

Gutachten auf Antrag

Wer den Gutachterausschuss mit einem Gutachten beauftragt, muss mit den entsprechenden Gebühren rechnen. Rechnen Sie überschlägig mit folgenden Gebühren:

Gutachten für unbebaute Grundstücke bei einem Verkehrswert

- bis 150.000 DM 3,5 von Tausend des Wertes zuzüglich 450 DM
- darüber bis 500.000 DM 3,0 von Tausend des Wertes zuzüglich 525 DM

- darüber bis 1.000.000 DM 1,5 von Tausend des Wertes zuzüglich 1.275 DM
- über 1.000.000 DM 0,75 von Tausend des Wertes zuzüglich 2.025 DM

Gutachten für bebaute Grundstücke bei einem Verkehrswert

- bis 250.000 DM 4,0 von Tausend des Wertes zuzüglich 550 DM
- darüber bis 1.500.000 DM 2,0 von Tausend des Wertes zuzüglich 1.050 DM
- über 1.500.000 DM 1,0 von Tausend des Wertes zuzüglich 2.550 DM

Beispielhafte Gebührenberechnung

Der Gutachterausschuss erstellt ein Gutachten für eine Immobilie und ermittelt einen Verkehrswert von 400.000 DM. Er wird folgende Gebühren in Rechnung stellen:

2,0 von Tausend von 400.000 DM	800 DM
zuzüglich	1.050 DM
Summe	1.850 DM
zuzüglich 16 % Mehrwertsteuer	296 DM
Rechnungsbetrag	2.146 DM

Datenquelle des Gutachterausschusses

Notar verpflichtet, Kaufverträge weiterzureichen

Jeder Notar ist verpflichtet, dem Gutachterausschuss eine Abschrift aller Kaufverträge über Grundstücke zu übersenden. Die Verträge werden dort in der Geschäftsstelle ausgewertet, um wertrelevante Daten ergänzt und in die Kaufpreissammlung übernommen. Durch die Kaufpreissammlung ist der Gutachterausschuss über die Vorgänge und Entwicklungen auf dem Grundstücksmarkt umfassend informiert.

Die optimale Fundgrube für Gutachter

Die Veröffentlichungen des Gutachterausschusses sind eine wahre Fundgrube für jeden Gutachter. Machen Sie sich deshalb immer mit den Daten vertraut, die Ihnen der Gutachterausschuss liefert.

Beachten Sie: Der Umfang der Veröffentlichungen ist nicht einheitlich. Der Gutachterausschuss in Düsseldorf kann verständlicherweise mehr Angaben veröffentlichen als ein Gutachterausschuss, der nur für einen schwach besiedelten Kreis zuständig ist.

Achtung: Daten regional unterschiedlich

Auch folgende Aufstellungen können Sie beispielsweise in den Veröffentlichung des örtlichen Gutachterausschusses finden. Allerdings hängt das von den regionalen Gegebenheiten ab.

Durchschnittspreise für Wohnungseigentum in DM/qm Wohnfläche für Wohnungen mittlerer Ausstattung[1] in einem regionalen Bezirk

Bezirke	Wohn-lagen	Baujahre (Weiterverkäufe und Umwandlungen)						Erstver-käufe
		bis 1945	1946 bis 1959	1960 bis 1969	1970 bis 1979	1980 bis 1989	ab 1990	Neu-bau
Bezirk 1	gesamt	2050	2150	2250	2500	2700	2900	3400
Bezirk 2	gut	2800	2500	2600	2800	3150	3850	4550
	mittel	2450	2150	2400	2650	2900	3350	3950
Bezirk 3	gut	3000	2350	2450	2700	3200	3600	4250
	mittel	2750	2250	2350	2600	3000	3400	3750
Bezirk 4	gut	2750	2400	2700	2850	3450	3750	4200
	mittel	2600	2150	2400	2550	2950	3150	3700
KfZ-Stell-plätze, Garagen	Der Wert der Wohnung ist ohne Kfz-Stellplatz angegeben und gegebenenfalls um 5.000 DM je Außenstellplatz, um 14.000 DM je Garage beziehungsweise um 18.000 DM je Einstellplatz in einer Sammelgarage zu erhöhen.							

[1] Zentralheizung, Bad, Isolierverglasung, zwischen 50 und 110 qm Wohnfläche, ohne Kfz-Stellplatzanteil

4. Gebäudewert ermitteln

Dabei kommt es weniger auf den immer gleichen Ablauf der mathematischen Berechnungen an. Jetzt brauchen Sie baufachliche einzelne Daten zu den Gebäuden. Dazu sind die verschiedenen Tabellen unverzichtbar. Lassen Sie sich unbedingt genug Zeit, um in aller Ruhe zu prüfen, welche Tabellenwerte im Einzelfall entscheidend sind. Machen Sie sich zunächst mit den grundsätzlichen Berechnungsschritten vertraut.

> **Praxis-Tipp:**
>
> Nutzen Sie insbesondere die Beispielsberechnungen und das Rechenschema, damit Sie keinen wichtigen Schritt übersehen.

Verkehrswert – in vier Schritten

- 1. Schritt: Ermitteln Sie den Wert des Grund und Bodens.

- 2. Schritt: Ermitteln Sie den Normalherstellungswert der baulichen Anlagen. Dazu gehören neben den Gebäuden die Außenanlagen und die besonderen Betriebseinrichtungen.

- 3. Schritt: Ermitteln Sie den Wert der sonstigen Anlagen.

- 4. Schritt: Korrigieren Sie den Sachwert zur Anpassung an die Marktlage. Nutzen Sie hierbei Ihre persönliche Kaufpreis-Sammlung, in der Sie Grundstücksverkäufe notieren und auswerten.

**Normalherstellungswert für bauliche Anlagen –
in drei Schritten**

*Umbauter
Raum x Preis*

- 1. Schritt: Multiplizieren Sie den umbauten Raum des Gebäudes mit dem maßgebenden Preis pro Kubikmeter.

  - Wählen Sie den zutreffenden Preis sorgfältig aus.

– Rechnen Sie den Preis mit dem entsprechenden Baupreis-Index in den aktuellen und zeitnahen Preis um. Orientieren Sie sich in der Tabelle, die alle wichtigen Gebäudetypen enthält und beachten Sie, dass Sie verschiedene Basisjahre wählen können. Dabei gibt das jeweilige Basisjahr den Preis zu 100 % an.

Baupreis-Index

■ 2. Schritt: Ziehen Sie die Wertminderung wegen Alters ab. Für die baulichen Anlagen ist mindestens ein Restwert von 30 % anzusetzen.

Wertminderung wegen Alters

■ 3. Schritt: Berücksichtigen Sie weitere Korrekturen, soweit dies notwendig ist. Prüfen Sie insbesondere, ob Abschläge wegen baulicher Mängel oder Schäden erforderlich sind. Daneben können aber auch noch andere wertbeeinflussende Umstände zu berücksichtigen sein.

Korrekturen

Nutzen Sie zur Berechnung des Gebäudewerts diese Formel:

Umbauter Raum in Kubikmeter	x	Preis pro Kubikmeter

Formel Gebäudewert

5. Das Sachwertverfahren auf einen Blick

Die nachstehende grafische Übersicht soll Ihnen die Orientierung bei der Berechnung des Verkehrswerts im Sachwertverfahren erleichtern.

Grafik Sachwertverfahren

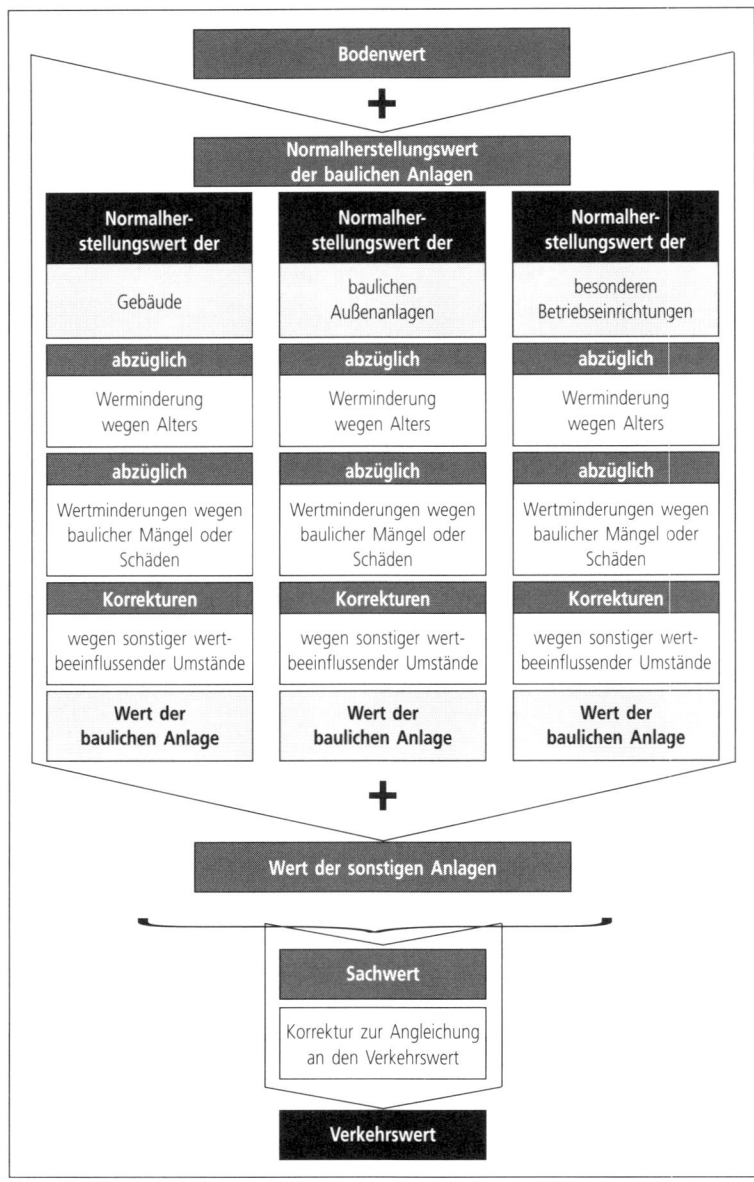

6. Korrekturfaktoren richtig anwenden

Basisjahre sicher auswählen

Nach den Wertermittlungsrichtlinien müssen nicht zwingend die Normalherstellungskosten des Basisjahres 1913 zur Ermittlung des Verkehrswerts herangezogen werden. Es ist auch möglich, geeignete Erfahrungssätze anderer Bezugszeitpunkte heranzuziehen.

Verschiedene Basisjahre sind möglich

Mittlerweile liegen Normalherstellungskosten zu verschiedenen Basisjahren vor. Die in der Tabelle ausgewiesenen Preise beziehen sich auf unterschiedliche Basisjahre. Die besten Ergebnisse werden Sie erzielen, wenn die zu bewertende Immobilie den bautypischen Verhältnissen des jeweiligen Basisjahres möglichst nahe kommt. Grund: Im Laufe der Zeit haben sich die Ausstattungsstandards und die sonstigen baulichen Verhältnisse stetig geändert. Es ist daher auch nicht möglich, die Preise durch eine bloße Indizierung zu berechnen.

Basisjahr am Baujahr orientieren

Vordergründig erschwert dies zwar eine Vergleichbarkeit der einzelnen Preise. Dahinter verbirgt sich jedoch eine differenzierte Berücksichtigung der bautypischen Verhältnisse des jeweiligen Basisjahres.

Nicht immer existieren für jeden Gebäudetyp Preise für jedes Basisjahr. Im Laufe der Jahre ist eine unterschiedliche Differenzierung vorgenommen worden. Das führt dazu, dass in einzelnen Fällen nicht für jedes Basisjahr Preise ausgewiesen werden.

Achtung: Bei den Normalherstellungskosten 1995 müssen Sie außerdem berücksichtigen, dass es sich um Mittelwerte für das gesamte Bundesgebiet handelt.

Orientieren Sie sich an den nachstehenden Korrekturfaktoren, um eine auf das jeweilige Bundesland bezogene Regionalisierung zu erreichen.

Regionalisierung durch Korrekturfaktoren

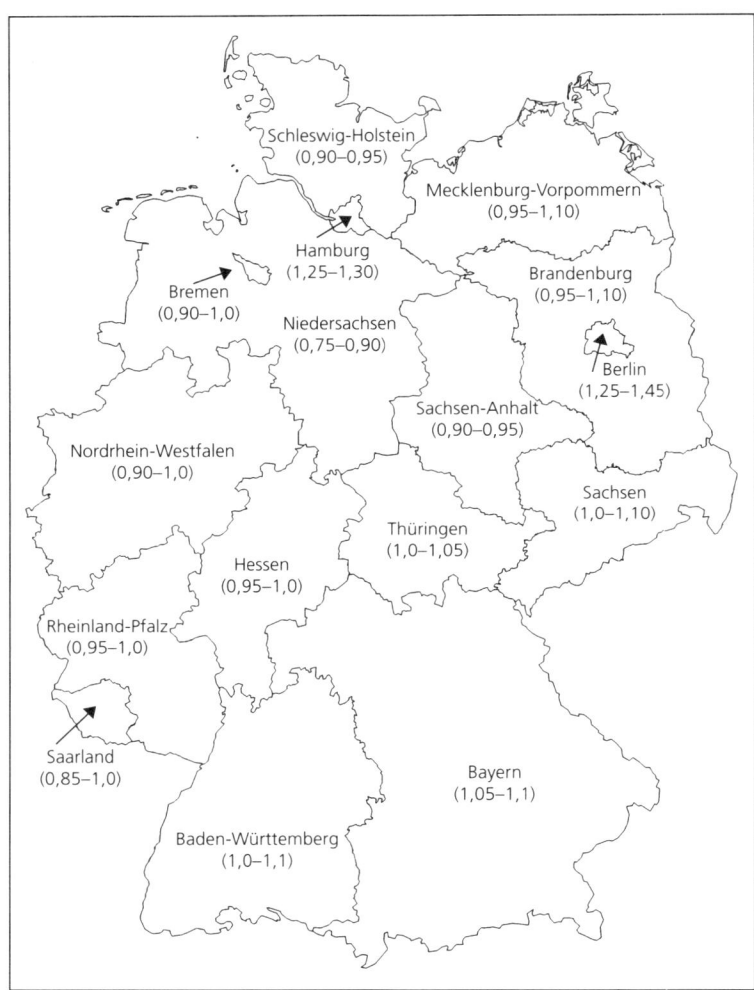

Baunebenkosten sind in den Normalherstellungskosten 1995 nicht enthalten. Allerdings verstehen sich die Preise einschließlich der Mehrwertsteuer.

Wichtig: Insbesondere bei älteren Gebäudebaujahrsklassen beziehen sich die Preise auf die gewöhnlichen Herstellungskosten für Ersatzbeschaffungen, wobei eine neuzeitliche und wirtschaftliche Bauweise vorausgesetzt wird. Die Preise sind keine Rekonstruktionskosten.

Preise für Ersatzbeschaffung

7. Orientieren Sie sich an Ausstattungsmerkmalen

Allgemeine Bauformen

Nicht immer können die individuellen Bewertungsmerkmale mit Hilfe von mathematischen Faktoren berücksichtigt werden. Dennoch ist es erforderlich, dass Sie Ihr gutachterliches Ermessen tendenziell richtig ausüben.

Tendenzen bei Formen und Technik erkennen

Gehen Sie grundsätzlich davon aus, dass Sie bei freistehenden Häusern den oberen Rahmen der Raummeterpreise ansetzen müssen. Aneinander oder übereinander errichtete Wohngebäude haben im Allgemeinen einen niedrigeren Wert. Der Raummeterpreis ist tendenziell auch bei Gebäuden mit Appartmentwohnungen höher.

Unterscheiden Sie bei Ein- und Zweifamilienhäusern auch, zu welchem Typus das Gebäude gehört:

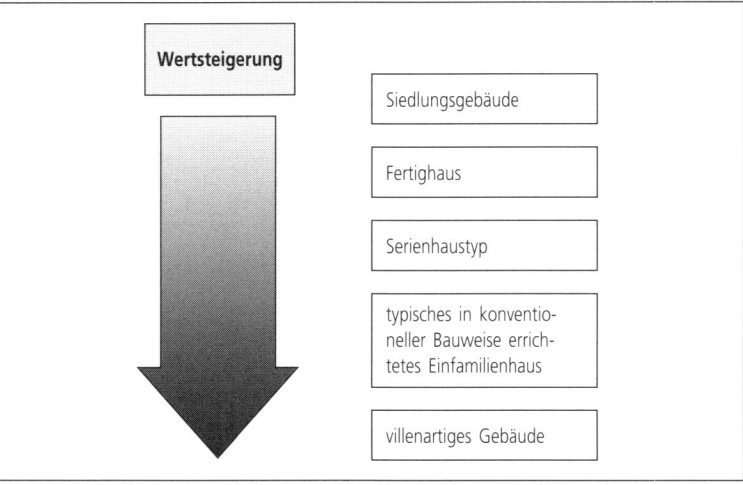

Die Raummeterpreise steigen im Allgemeinen in der Reihenfolge der Grafik an.

Auch die Bauweise ist bei Einfamilienhäusern und Zweifamilienhäusern entscheidend. Hier steigen die maßgebenden Raummeterpreise in Abhängigkeit von der Bauweise ebenfalls in der Reihenfolge der nachstehenden Grafik an.

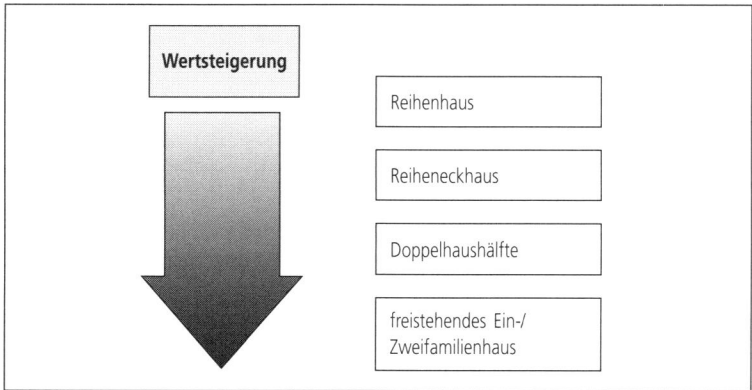

Weiteren Einfluss auf den Raummeterpreis haben bei Einfamilienhäusern auch die folgenden Bauteile. Der Raummeterpreis steigt in der Reihenfolge, in der die Bauteile in der Grafik aufgeführt sind.

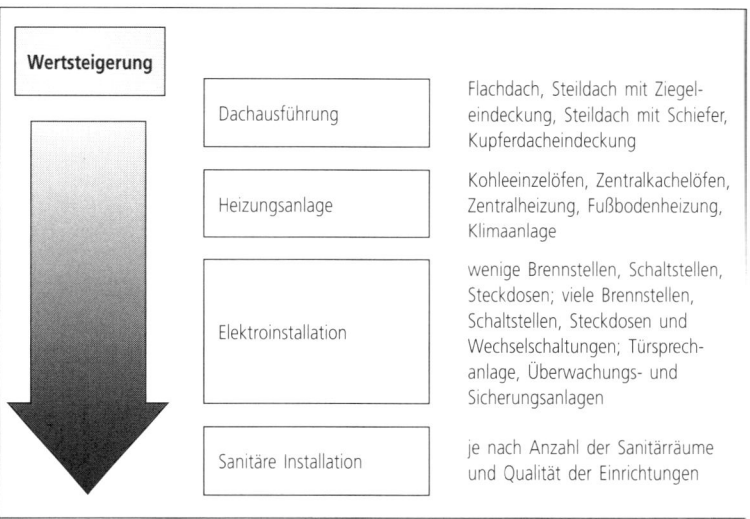

Für offene Kamine, Schwimmbecken im Gebäude, Sauna und sonstige besonders aufwendige Anlagen müssen Sie den Raummeterpreis zusätzlich erhöhen. Grund: Diese Anlagen sind in den Durchschnittspreisen nicht enthalten. Folge: Sie müssen Zuschläge zu den ausgewiesenen Tabellenwerten anbringen.

So bestimmen Sie die Ausstattung

Die bauliche Ausstattung von Gebäuden bei Wohngrundstücken hat auf die Raummeterpreise maßgebenden Einfluss. Allgemein bestimmen Sie die Ausstattung, indem Sie feststellen, in welcher Spalte der Tabelle die meisten Treffer liegen. Wenden Sie bei Wohngrundstücken folgende allgemeine Tabelle an.

Prüfen Sie diese Merkmale	Einfache Ausstattung 1	Üblicher Standard 2	Gehobener Standard 3	Gute Ausstattung 4
Raumgröße	Die Raumgrößen sind nicht ausreichend bemessen. Die Wohnfläche liegt unter 20 qm. ☐	Die Raumgrößen sind ausreichend groß. Die Wohnfläche beträgt mehr als 20 qm. ☐	Die Raumgrößen sind gut bemessen. Die Wohnfläche liegt über 30 qm. ☐	wie Spalte 3 ☐
Sanitäre Ausstattung	WC, Waschbecken ☐	Badezimmer ☐	Zwei Sanitärräume, bestehend aus Badezimmer und WC ☐	Zwei oder mehrere Sanitärräume mit guter Ausstattung ☐
Heizung	Einzelofen ☐	Zentralheizung oder Etagenheizung ☐	Zentralheizung mit Warmwasserversorgung ☐	wie Spalte 3, zusätzlich Fußbodenheizung oder offener Kamin ☐
Fenster	einfache Fenster und einfache Verglasung ☐	Fenster mit Isolierverglasung, Verbundfenster oder Doppelfenster ☐	wie Spalte 2, zusätzlich Rolläden ☐	wie Spalte 2, zusätzlich elektrisch gesteuerte Rolläden ☐
Fußboden	Holzdielen, Linoleum ☐	Teppich, teilweise PVC, Fliesen im Sanitärraum ☐	Teppich, Parkett, Fliesen in den Sanitärräumen ☐	Teppich in sehr guter Qualität vorhanden, Natursteine, Fliesen in den Sanitärräumen ☐
Wandbehandlung	gestrichener Putz, einfache Tapeten ☐	Tapeten, Fliesen im Badezimmer bis 1,5 m Höhe ☐	Tapeten, Sanitärräume bis zur Decke gefliest, Einbauschränke ☐	Tapeten, teilweise Sichtmauerwerk oder Holzverkleidungen, Sanitärräume bis zur Decke gefliest ☐
Kücheneinrichtung	Herd, Spüle ☐	wie Spalte 1, jedoch bessere Ausführung ☐	Einbauküche ☐	Einbauküche in guter Ausstattung ☐
Anzahl der in dieser Spalte ausgewählten Alternativen	....	....	....	....
☞	**Legen Sie die Ausstattung der Spalte zu Grunde, in der Sie die meisten Alternativen angekreuzt haben. Bilden Sie dabei auch einen rechnerischen Mittelwert.**			

Bei der Frage, welche Ausstattung Sie bei den Normalherstellungskosten 1995 zu Grunde legen müssen, können Sie sich an den folgenden Ausstattungstabellen orientieren, die sich bautechnisch auf die konkreten Gebäudetypen der Preistabelle (siehe Seite 144 ff.) beziehen.

Praxis-Tipp:

Die angegebenen Kostengruppen sind nicht gleichgewichtig. Sie müssen versuchen, die zu bewertende Immobilie sachverständig zuzuordnen. Es ist hier wegen der unterschiedlichen Kostenanteile einzelner Ausstattungsmerkmale nicht möglich, zwischen den einzelnen Werten zu interpolieren.

Ausstattungsmerkmale für häufig vorkommende Gebäude

Austattungsbogen Typ 1–12[1)]

Haus-Typ 1–12

Kosten-gruppe	Einfach	Mittel	Gehoben	Stark gehoben
Fassade	Mauerwerk mit Putz oder Fugenglattstrich und Anstrich	Wärmedämmputz, Wärmedämmverbundsystem, Sichtmauerwerk mit Fugenglattstrich, mittlerer Wärmedämmstandard	Verblendmauerwerk, Metallbekleidung, Vorhangfassade, hoher Wärmestandard	Naturstein
Fenster	Holz, Einfachverglasung	Kunststoff, Rolladen, Isolierverglasung	Aluminium, Sprossenfenster, Sonnenschutzvorrichtung, Wärmeschutzverglasung	raumhohe Verglasung, große Schiebeelemente, elektr. Rollladen, Schallschutzverglasung
Dächer	Betondachpfannen (untere Preisklasse), Bitumen-, Kunststofffolienabdichtung, keine Wärmedämmung	Betondachpfannen (gehobene Preisklasse), mittlerer Wärmedämmstandard	Tondachpfannen, Schiefer-, Metalleindeckung, hoher Wärmedämmstandard	große Anzahl von Oberlichtern, Dachaus- und Dachaufbauten mit hohem Schwierigkeitsgrad, Dachausschnitte in Glas

[1)] Die verschiedenen Typen finden Sie in der Preistabelle ab Seite 144.

**Haus-Typ
1–12**

noch: Austattungsbogen Typ 1–12

Kosten-gruppe	Einfach	Mittel	Gehoben	Stark gehoben
Sanitär	1 Bad mit WC Installation auf Putz	1 Bad mit Dusche und Badewanne, Gäste-WC, Installation unter Putz	1–2 Bäder Gäste WC	mehrere groß-zügige Bäder, tlw. Bidet, Whirlpool, Gäste-WC
Innenwand-bekleidung der Nass-räume	Ölfarbanstrich, Fliesensockel (1,50 m)	Fliesen (2,00 m)	Fliesen raum-hoch, groß-formatige Fliesen	Naturstein, aufwändige Verlegung
Boden-beläge	Holzdielen, Nadelfilz, Linoleum, PVC (untere Preis-klasse) Nassräume: PVC, Fließen	Teppich, PVC, Fliesen, Lino-leum (mittlere Preisklasse) Naßräume: Fliesen	Fliesen, Parkett, Betonwerk-stein Naßräume: groß-formatige Fliesen	Naturstein, aufwändige Verlegung Naßräume: Naturstein
Innentüren	Füllungstüren, Türblätter und Zargen ge-strichen, Stahl-zargen	Kunststoff-/Holz-türblätter, Holz-zargen, Glas-türausschnitte	Edelholz furnierte Türblätter, Glastüren, Holzzargen	massive Aus-führung, Ein-bruchschutz
Heizung	Einzelöfen, elektr. Speicher-heizung, Boiler für Warmwasser	Mehrraum Warmluft-Kachel-ofen, Zentral-heizung mit Radiatoren	Zentralheizung/ Pumpenheizung mit Flachheiz-körpern oder Fußbodenhei-zung, Warm-wasserberei-tung zentral	Zentralheizung und Fußboden-heizung, Klima-anlagen, Solaranlagen
Elektro-installation	je Raum 1 Lichtauslass und 1–2 Steck-dosen Installation teil-weise auf Putz	je Raum 1–2 Lichtaus-lässe und 2–3 Steckdosen Installation unter Putz	je Raum meh-rere Lichtaus-lässe und Steck-dosen, Informa-tionstechnische Anlagen	aufwändige Installation, Sicherheits-einrichtungen

Austattungsbogen Typ 13–24[1)]

Kosten-gruppe	Einfach	Mittel
Fassade	Mauerwerk mit Putz oder Fugen-glattstrich und Anstrich	Wärmedämmputz, Wärmedämm-verbundsystem, mittlerer Wärme-dämmstandard
Fenster	Holz, Einfachverglasung	Kunststoff, Rollladen, Isolier-verglasung
Dächer	Betondachpfannen (untere Preisklasse), Bitumen-, Kunst-stofffolienabdichtung	Betondachpfannen (gehobene Preisklasse), mittlerer Wärme-dämmstandard
Sanitär	1 Bad mit WC, Gäste-WC	1–2 Bäder, Gäste-WC, Installation unter Putz
Innenwand-bekleidung der Nass-räume	Anstrich, Fliesensockel (1,50 m)	Fliesen (2,00 m)
Boden-beläge	Holzdielen, Nadelfilz, Linoleum, PVC (untere Preisklasse), Nassräume: PVC, Fliesen	Teppich, PVC, Parkett, Linoleum (mittlere Preisklasse), Nassräume: Fliesen
Innentüren	Füllungstüren, Türblätter und Zargen gestrichen, Stahlzargen	Kunststoff-/Holztürblätter, Holz-zargen, Glastürausschnitte
Heizung	Einzelöfen, elektrische Speicher-heizung, Boiler für Warmwasser	Zentralheizung, Warmwasser-bereitung zentral
Elektro-installation	je Raum 1 Lichtauslass und 1–2 Steckdosen, Installation teil-weise auf Putz	je Raum 1–2 Lichtauslässe und 2–3 Steckdosen, Installation unter Putz

[1)] Die verschiedenen Typen finden Sie in der Preistabelle ab Seite 148.

*Haus-Typ
25–57*

Austattungsbogen Typ 25–57[1]			
Kosten-gruppe	Einfach	Mittel	Gehoben
Fassade	Mauerwerk mit Putz oder Fugenglattstrich und Anstrich	Wärmedämmputz, Wärmeverbundsystem, Sichtmauerwerk mit Fugenglattstrich und Anstrich, mittlerer Wärmedämm-standard	Verblendmauerwerk, Metallbekleidung, Vorhangfassade, hoher Wärmedämm-standard
Fenster	Holz, Einfach-verglasung	Kunststoff, Isolier-verglasung	Aluminium, Rollladen, Sonnenschutzvorrich-tungen, aufwändige Fensterkonstruktion
Dächer	Betondachpfannen (untere Preisklasse), Bitumen-, Kunststoff-folienabdichtung	Betondachpfannen (gehobene Preis-klasse), mittlerer Wärmedämmstandard	Tondachpfannen, Schiefer-, Metallein-deckung, hoher Wärmedämmstandard
Sanitär	1 Bad mit WC, Installation auf Putz	1 Bad mit WC, Gäste-WC, Installa-tion unter Putz	1 Bad mit Dusche und Badewanne, Gäste-WC
Innenwand-bekleidung der Nass-räume	Ölfarbanstrich	Fliesensockel (1,50 m)	Fliesen raumhoch
Boden-beläge	Holzdielen, Nadelfilz, Linoleum, PVC (untere Preisklasse), Nass-räume: PVC, Fliesen	Teppich, PVC-Fliesen, Linoleum (mittlere Preisklasse), Nass-räume: Fliesen	großformatige Fliesen, Parkett, Betonwerk-stein, Nassräume: Großformatige Fliesen
Innentüren	Füllungstüren, Tür-blätter und Zargen gestrichen	Kunststoff-/Holztür-blätter, Stahlzargen	Edelholz furnierte Tür-blätter, Glastüren, Holzzargen
Heizung	Einzelöfen, elektri-sche Speicherheizung, Boiler für Warm-wasser	Mehrraum Warmluft-kachelofen, Zentral-heizung mit Radia-toren (Schwerkraft-heizung)	Zentralheizung/ Pumpenheizung mit Flachkörpern, Warm-wasserbereitung zentral
Elektro-installation	je Raum 1 Lichtauslass und 1–2 Steckdosen Installation auf Putz	je Raum 1–2 Lichtauslässe und 2–3 Steckdosen Installation unter Putz	aufwändige Installation, informationstechnische Anlagen

[1] Die verschiedenen Typen finden Sie in der Preistabelle ab Seite 154.

Regionale Korrekturfaktoren

Die Korrekturfaktoren für die einzelnen Bundesländer ermöglichen Ihnen bereits, die Mittelwerte für das gesamte Bundesgebiet anzupassen. Das reicht wegen weiterer regionaler Einflüsse jedoch noch nicht aus. Zusätzlich sind Korrekturfaktoren anzuwenden, um den Einfluss der jeweiligen Ortsgröße zu berücksichtigen.

Korrektur-faktoren für die Ortsgröße

Wenden Sie deshalb zusätzlich Korrekturfaktoren für die Ortsgröße an:

Großstädte mit mehr als 500.000 bis 1.500.000 Einwohnern	1,05–1,15
Städte mit mehr als 50.000 bis 500.000 Einwohnern	0,95–1,05
Orte bis 50.000 Einwohnern	0,90–0,95

Wichtig: Diese Korrekturfaktoren für die Ortsgröße gelten nicht für Berlin, Bremen und Hamburg.

Korrekturen nebeneinander anwenden

Praxis-Tipp:

Es ist durchaus möglich, dass Sie bei einer Bewertung mehrere Korrekturen nebeneinander berücksichtigen müssen. Multiplizieren Sie in diesen Fällen einfach die Korrekturfaktoren miteinander.

Beispiel:

Sie wollen eine Immobilie bewerten und stellen fest, dass sich folgende Korrekturfaktoren ergeben:

Korrekturfaktor wegen der Grundrissart „Einspänner"	1,05
Korrekturfaktor für die Wohnungsgröße	0,85

Korrekturfaktor wegen der Baukosten (14 % Zuschlag)	1,14
Korrekturfaktor für die Ortsgröße	1,05
Korrekturfaktor für das Bundesland	1,10

Der letztlich maßgebende Korrekturfaktor, mit dem Sie den Preis pro Kubikmeter multiplizieren müssen, beträgt folglich:

1,05 x 0,85 x 1,14 x 1,05 x 1,1 = **1,175**

Auf den Raummeterpreis kommt es an!

*Raum-
meterpreis
bestimmen*

Der Raummeterpreis gehört zu den sensiblen Elementen jeder Wertermittlung. Hier entscheidet es sich, ob Sie Ihre Wertermittlung in der Realität brauchen können oder nicht. Ziel Ihrer gutachterlichen Wertung muss sein, die normalen Herstellungskosten zu finden.

*Definition
Raum-
meterpreis*

Wichtig: Der Raummeterpreis entspricht den Kosten, die Sie normalerweise zur Herstellung eines Gebäudes pro Kubikmeter umbauten Raumes aufwenden müssten.

*Bleiben Sie
Realist!*

Versuchen Sie nicht, den „einzig wahren Raummeterpreis" zu finden. Die Tabellenwerte sowie der Baukostenindex bieten zwar eine breite mathematische Grundlage, um möglichst genaue Rechengrundlagen zu nutzen. Allerdings dürfen Sie eins nicht vergessen: Sie schätzen den Grundstückswert zwar nach anerkannten Methoden, aber nicht genauer als die Wirklichkeit. Es bleibt im Ergebnis eine Grundstücks-„Schätzung".

*Gebäudetyp
möglichst
genau
zuordnen*

Entspricht Ihre Immobilie nicht in allen Details den in der Tabelle aufgeführten Gebäudetypen, wählen Sie einen Gebäudetyp aus, der Ihrer Immobilie am nächsten kommt. Dabei ist die tatsächliche Ausstattung, Nutzung, Bauform und der Zustand nach sachverständlichem Ermessen entscheidend.

Weniger hilfreich ist eine sklavische Übernahme der Tabellenwerte. So kann es durchaus vorkommen, dass ein 20 Jahre altes Bauwerk wegen seiner aufwändigen und guten Bausubstanz eher einem Neubau entspricht als ein nur zehn Jahre altes Gebäude mit mangelhaften Baustoffen und schlechter Bauausführung.

Keine sklavische Übernahme

Allgemeine Erfahrungssätze nutzen

Berechnen Sie den Raummeterpreis nach durchschnittlichen Erfahrungssätzen, die der jeweiligen

- Nutzungsart
- Bauweise
- Bauart

gerecht werden. Dabei gilt eine Besonderheit: Gutachter rechnen mit so genannten Basisjahren.

8. Basisjahre sind entscheidend

Preisbasis festlegen

Die ständigen Preissteigerungen gehören zum Alltag. Auch in der Baubranche. Deshalb muss bei jeder Wertermittlung zwingend der Stichtag angegeben werden, für den der Wert gelten soll. Weil sich dauernd die Preise ändern, könnten Sie in der Praxis ohne einen besonderen Trick der Profis kein Gefühl für das Preisgefüge entwickeln:

Basisjahre bestimmen

Erster Schritt der Gutachter: Basisjahr

Die Gutachter legen bei ihren Berechnungen nicht – wie das eigentlich erforderlich wäre – die Kosten des jeweiligen Baujahrs zu Grunde. Sie rechnen einfach mit den Preisen eines vom tatsächlichen Baujahr unabhängigen „Basisjahres".

Mit dem einfachen Gutachtertrick stoppen Sie die Preisspirale in zwei Schritten

Zweiter Schritt der Gutachter: Index

Der Preis eines willkürlichen Basisjahrs würde natürlich die Berechnung verfälschen. Deshalb passt der Gutachter die Baukosten des Baujahrs mit Indexzahlen an das zutreffende Baujahr an.

Beispiel: _____

Kostet ein Gebäude 1913 beispielsweise pro Kubikmeter 20 DM, müssten Sie in 2000 zweifellos einen höheren Betrag aufwenden, um das gleiche Bauwerk zu errichten. Sofern sich die Baukosten beispielsweise von 1913 bis zum Jahr 2000 um 2.000 % erhöht hätten, wären in 2000 pro Kubikmeter 400 DM Baukosten erforderlich.

Baukosten-Index

Laufende Untersuchungen des statistischen Bundesamtes halten die Entwicklung der Baukosten fest und weisen entsprechende Baukosten-Indizes aus. Mit diesem Baukosten-Index können Sie die Baukosten eines bestimmten Jahres in jedes beliebige andere Jahr umrechnen.

Zeitnähe durch neue Basisjahre

Obwohl es also ausreichend wäre, Preise nur für ein einziges Jahr festzulegen und für alle anderen Jahre umzurechnen, zeigt sich in der Praxis ein anderes Bild. Die Ausstattungsmerkmale der Gebäude haben sich im Laufe der Zeit verändert. Deshalb hat man immer wieder versucht, neue Basisjahre zu bilden, damit durch eine größere Zeitnähe genauere Wertermittlungen möglich werden.

Versuchen Sie, das Gebäude jeweils in der Preiskategorie des Basisjahres zu bewerten, das dem Baujahr am nächsten kommt. Darüber hinaus müssen Sie aber auch die Bauart und den Gebäudetyp berücksichtigen. Versuchen Sie, eine möglichst große Übereinstimmung der einzelnen Merkmale zu realisieren.

Rechnen Sie aber nicht stur mit 1913er Werten oder mit dem nächstgelegenen Basisjahr. Wenn Sie ein modernes Bauwerk bewerten, sollten Sie allerdings ruhig mit dem neusten Basisjahr rechnen. Der Grund ist einfach: Das Verhältnis der Rohbaukosten zu den Ausbaukosten hat sich im Laufe der Zeit regelrecht umgekehrt. Während bei alten Bauten rund 60 bis 65 % auf den Rohbau entfielen, und nur 35 bis 40 % aller Kosten für den Ausbau aufgewendet wurden, ist dies heute völlig anders. Im Allgemeinen müssen Sie heute nur noch rund 40 % für den Rohbau aufwenden. Die restlichen 60 % benötigen Sie, um ein Gebäude mit zeitgemäßen Ausbaustandards herzustellen.

Verhältnis Rohbau/Ausbau völlig verändert

Aus diesem Grunde ist es deshalb für Sie wichtig, bei modernen Bauwerken ein aktuelleres Basisjahr anzuwenden.

Unterschiedliche Basisjahre

Zuallermeist kommen Sie zu erstaunlich genauen Werten, wenn Sie Ihre gesamte Wertermittlung auf der Basis des Jahres 1913 durchführen. Dennoch ist es einleuchtend, dass dies nicht immer möglich ist. Die Baukonstruktionen und Baustoffe haben sich in der Zeit von 1913 bis heute ganz erheblich verändert. Es wäre deshalb unzutreffend, wenn die Kosten für neue Baustoffe einfach über den Index an das allgemeine Basisjahr 1913 angepasst würden.

Verschiedene Basisjahre verbessern die Ergebnisse

> **Beispiel:**
>
> In 1913 waren Kabelkanäle weitgehend unbekannt. Moderne Bauten weisen dagegen regelmäßig neben Leerrohren auch einen Kabel- und ISDN-Anschluss auf.

Diese Veränderungen machen es erforderlich, nicht nur schematisch mit den Indexzahlen aus 1913 zu rechnen. Daneben existieren noch weitere Basisjahre, die nicht nur eine bloße mathematische Umrechnung der Indexzahlen berücksichtigen, sondern den veränderten Bedingungen der Bauausführung Rechnung tragen.

Basisjahre 1913, 1958, 1980 und 1995 anwenden

In der Praxis ist es deshalb bei genaueren Wertermittlungen unverzichtbar, neben dem Basisjahr 1913 auch die Indexzahlen anderer Basisjahre anzuwenden. Wichtige Basisjahre sind dabei 1958, 1980 und 1995.

Andererseits ist es auch nicht notwendig, mit den Zahlen für jedwedes Basisjahr zu jonglieren. Im Normalfall treten die Unterschiede in den Hintergrund. Außerdem ersetzt die mathematische Perfektion keineswegs das gutachterliche Ermessen. Wichtiger als die mathematische Scheingenauigkeit ist das kritische und ausgewogene Augenmaß des Gutachters. Dieses richtet sich auf die Besonderheiten der jeweiligen Immobilie. Das Marktgeschehen, aktuelle Tendenzen und Entwicklungen sind mathematisch nicht immer exakt fassbar und haben oft einen großen Einfluss auf den Wert einer Immobilie.

Vor- und Nachteile der Basisjahre

Neue Normalherstellungskosten werden „1913er" Werte ablösen

Trotz aller Bemühungen, aktuelle Basisjahre zu finden, werden Ihnen in der Bewertungspraxis überproportional viele Gutachten begegnen, in denen noch immer mit dem Basisjahr 1913 gerechnet wird. Das liegt mehr an der „guten alten Gewohnheit" als an einem Sinn für Genauigkeit. Die Zukunft der Bewertung liegt in den Normalherstellungskosten 1995. Dennoch gewöhnen sich die Gutachter nur langsam an diese neuen Zahlen. Beste Ergebnisse dürften Sie im Allgemeinen erzielen, wenn Sie das von Ihnen zu bewertende Gebäude mit den Normalherstellungskosten 1995 begutachten.

Gefühl für die Relationen entwickeln

Die „1913er Werte" haben aber auch einen Vorteil. Diesen Vorteil nutzen die Gutachter: Wer immer mit demselben Basisjahr rechnet, entwickelt ein sicheres Gefühl für die Preisrelationen. Rechnen Sie dagegen unentwegt mit verschiedenen Basisjahren, wird sich ein gutachterliches Gefühl für die Relationen zumindest nicht so schnell entwickeln.

Dennoch dürfen Sie einen entscheidenden Nachteil des „1913er Werts" nicht übersehen: Neuartige Bauausführungen oder Konstruktionen, die es in 1913 noch gar nicht gab, müssen zwangsläufig in der Baupreistabelle „rückgerechnet" werden. Mathematische Rundungsdifferenzen und Ungenauigkeiten sind daher keineswegs auszuschließen. In diesen Fällen bekommen die Normalherstellungskosten 1995 eine noch stärkere Bedeutung.

*„1913er Wert"
bei neuartigen
Konstruktionen
problematisch*

Widerstehen Sie der Versuchung, den Raummeterpreis rein schematisch aus der Tabelle abzulesen. Sorgen Sie vielmehr dafür, die Verhältnisse des einzelnen Falls zu würdigen. Haben Sie genügend Mut, die Preise schon mal zu korrigieren. Das setzt ein wenig Erfahrung voraus. Wenn Sie erst einmal ein paar Grundstücke bewertet und mit Ihrer persönlichen Kaufpreis-Sammlung verglichen haben, wird Ihnen dies wesentlich leichter fallen.

*Preise nicht
schematisch
ermitteln*

Grund: Eine beachtliche Vielfalt von Einflüssen auf den Wert einer Immobilie kann Korrekturen des Raummeterpreises sowohl nach oben als auch nach unten erforderlich machen.

*Wichtige
Preisfaktoren*

Die wichtigsten Einflussgrößen auf den Raummeterpreis
▪ Ausstattung
▪ Örtliches Lohn- und Preisniveau
▪ Abweichung von der üblichen Größe vergleichbarer Gebäude
▪ Verwendete Baustoffe
▪ Konstruktion
▪ Vorhandener Grundriss

noch: Die wichtigsten Einflussgrößen auf den Raummeterpreis

- Anzahl der Geschosse

- Vorhandensein eines Kellers

- Dachform

- Bauweise, wie freistehendes Gebäude, Reihenhaus oder Doppelhaushälfte

9. Bauformen unterscheiden!

Dem Sachwertverfahren liegt ein plausibler Gedanke zu Grunde: Der Gebäudesachwert hängt davon ab, wie groß das Bauwerk ist.

Definition „Größe" eines Bauwerks

Allerdings kann die „Größe" eines Bauwerks unterschiedlich gemessen werden. Auch die Maßeinheit kann völlig verschieden sein. So ist beispielsweise für den Mieter einer Wohnung entscheidend, wie viel Quadratmeter Wohnfläche die Räume insgesamt haben. Will jemand einen Lagerraum mieten, kann es darüber hinaus auch entscheidend sein, wie hoch die Lagerräume sind.

Kubikmeter

Kubikmeter maßgebend

Bei der Bewertung von Grundstücken ist dagegen im Allgemeinen entscheidend, wie viel Kubikmeter Raum mit dem Gebäude eingeschlossen werden. Davon hängen unmittelbar die insgesamt aufzuwendenden Baukosten ab. Für den Wert einer Immobilie spielen die normalerweise aufzuwendenden Herstellungskosten zwangsläufig eine ganz bedeutende Rolle.

Qualitative Ausstattung nicht vernachlässigen

Ausstattung

Der Wert einer Immobilie ist allerdings nicht allein vom umbauten Raum abhängig. Die physikalische Größe „umbauter Raum" sagt noch nichts über deren qualitative Ausstattung aus. Dem Bauherrn steht es völlig frei, ob er wertvolle Baustoffe verwendet oder sehr kostengünstig baut. Je nach Bauform gibt es aber ganz konkrete Anhaltspunkte, was es kostet, einen Kubikmeter umbauten Raum herzustellen. Hinsichtlich der Ausstattung hat der Bauherr es dann immer noch in der Hand, sein Bauwerk luxuriös oder spartanisch zu gestalten. Das betrifft sowohl die für die Konstruktion verwandten Baustoffe, als auch die bauliche Ausstattung der Innenräume.

Bauform und Bauart

Umbauter Raum und bauliche Ausstattung sind aber noch nicht alle Aspekte. Die Kosten beziehungsweise der Wert von Bauwerken pro Kubikmeter umbauten Raums ist auch davon abhängig, welche Bauform und Bauart das Gebäude hat. Es ist klar, dass ein freistehendes Einfamilienhaus andere Baukosten pro Kubikmeter umbauten Raums erfordert als ein Reihenhaus. Für ein dreigeschossiges Mietwohngrundstück fallen völlig andere Kosten pro Kubikmeter an als beim Bau eines Hochhauses.

Bauform und Bauart beeinflussen den Wert

Differenzieren Sie deshalb zwischen den verschiedenen Bauformen, wenn Sie den zutreffenden Preis pro Kubikmeter umbauten Raums bestimmen. Einen einheitlichen Preis pro Kubikmeter für alle denkbaren Gebäudearten gibt es jedenfalls nicht.

Zeitgruppen

Berücksichtigen Sie auch die Zeit, in der das Gebäude errichtet worden ist. Sehr alte Gebäude sind völlig anders konstruiert als moderne Bauten, die beispielsweise den aktuellen Wärmeschutzbedingungen gerecht werden müssen. In der Bewertungspraxis hat es sich daher bewährt, wenn neben den Bauformen auch die Zeit berücksichtigt wird, in der das Gebäude entstanden ist.

Beachten Sie nicht nur die Bauformen

Konstruktion wichtiger als das Baujahr

Wichtig: Achten Sie immer darauf, gutachterlich zu denken. Es kann durchaus Gebäude geben, die zwar in 1960 errichtet worden sind, aber von ihrer Konstruktion dieser Zeit eher nicht entsprechen.

Das ist beispielsweise häufig in ländlichen Gegenden anzutreffen, wenn das Gebäude noch nach alten Gepflogenheiten errichtet worden ist. Umgekehrt kann ein Gebäude in guten Wohnlagen bereits in 1970 in einer aufwendigen Bauweise konstruiert worden sein, die mehr dem aktuellen Standard entspricht.

Entscheiden Sie in diesen Fällen nicht schematisch nach dem Baujahr. Legen Sie vielmehr die der jeweiligen Zeit entsprechenden Daten zu Grunde.

Preisspannen richtig ausnutzen

Unterschiedliche Preisstufen

Sobald Sie einen Blick in die Tabellen geworfen haben, werden Sie die unterschiedlichen Preisstufen erkennen. Innerhalb dieser Preisspannen müssen Sie nun den zutreffenden Wert pro Kubikmeter bestimmen. Dabei müssen Sie insbesondere diese Merkmale berücksichtigen:

- Wie ist das Bauwerk ausgestattet?
- Welchem Baujahr beziehungsweise welchem Baujahrstyp ist das zu bewertende Gebäude zuzuordnen?

Durchschnittspreise korrigieren

Es ist verständlich, dass kein Gebäude zweifelsfrei nur mit einem einzigen richtigen Wert bewertet werden kann. Immer ist es erforderlich, die angegebenen Durchschnittspreise so zu korrigieren und zu werten, dass in der Tendenz der richtige Raummeterpreis gefunden wird.

Die Gründe für eine Korrektur sind sehr vielfältig. Einerseits sind nur vage Tendenzaussagen möglich, bei denen Ihr gutachterliches Verständnis und Empfinden letztlich ausschlaggebend sein kann. Das ist beispielsweise bei der Frage nach dem zutreffenden Baujahrstyp der Fall. Auch die Frage, ob ein Gebäude einfach, mittel, gut oder gehoben ausgestattet ist, kann nicht in allen Fällen zweifelsfrei entschieden werden. Hierbei gibt es allerdings schon wieder praktische Anhaltspunkte und Ausstattungstabellen, die Ihnen die Eingruppierung in die zutreffende Ausstattungsgüte erleichtern.

Es gibt weitere Korrekturen, die mathematisch so genau formuliert werden können, dass Sie die Werte mit entsprechenden Faktoren multiplizieren können. Dazu gehören beispielsweise regionale Besonderheiten. Es ist ein erwiesener Unterschied, ob Sie ein Grundstück in Niedersachsen oder in Bayern zu bewerten haben. Auch die Ortsgröße führt zu Korrekturfaktoren. Das gilt ebenfalls für die Wohnungsgrößen oder die Anzahl der Wohneinheiten je Geschoss, die mit Korrekturfaktoren ausgedrückt werden können. Zu den jeweiligen Gebäudetypen in der Tabelle sind teilweise entsprechende Korrekturfaktoren angegeben. Dabei können mehrere Korrekturfaktoren nebeneinander anzuwenden sein.

Regionale Korrekturfaktoren nutzen

10. Die große Preistabelle – mit Gebäudetypen

Einfamilienhaus, freistehend

A	B	C	D	E	F	G
Nr.	Gebäudetyp	Basisjahr	Güte	Raummeterpreise für Baujahre		
				vor 1925	1925–1960	nach 1960
1	**Einfamilienhaus, freistehend** Kellergeschoss, Erdgeschoss, voll ausgebautes Dachgeschoss	**1913** in M DIN 277 (1950)			23–30	24–32	24–32
		1958 in DM DIN 277 (1950)			80–104	83–111	83–111
		1980 in DM DIN 277 (1950)			250–310	310–390	390–475
		Normalherstellungskosten 1995 in DM DIN 277 (1987)	einfach	285–295	295–330	330–400
			mittel	330–340	340–380	380–460
			gehoben	395–410	410–455	455–555
			stark gehoben	500–520	520–575	575–705
		Lebensdauer: 60–100 Jahre, im Allgemeinen 100 Jahre Baunebenkosten: + 16 %				
2	**Einfamilienhaus, freistehend** Kellergeschoss, Erdgeschoss, nicht ausgebautes Dachgeschoss	**1913** in M DIN 277 (1950)			21–27	24–30	24–30
		1958 in DM DIN 277 (1950)			73–93	83–104	83–104
		1980 in DM DIN 277 (1950)			170–195	195–225	250–310
		Normalherstellungskosten 1995 in DM DIN 277 (1987)	einfach	250–360	260–290	290–350
			mittel	285–295	295–325	325–400
			gehoben	325–340	340–375	375–455
			stark gehoben	430–450	450–500	500–610
		Lebensdauer: 60–100 Jahre, im Allgemeinen 100 Jahre Baunebenkosten: + 16 %				
3	**Einfamilienhaus, freistehend** Kellergeschoss, Erdgeschoss, Flachdach	**1913** in M DIN 277 (1950)			18–22	22–28	28–34
		1958 in DM DIN 277 (1950)			80–104	83–111	83–111
		1980 in DM DIN 277 (1950)			250–310	310–390	390–475
		Normalherstellungskosten 1995 in DM DIN 277 (1987)	einfach	290–300	300–335	335–410
			mittel	325–340	340–375	375–460
			gehoben	365–380	380–425	425–515
			stark gehoben	475–495	495–550	550–670
		Lebensdauer: 60–100 Jahre, im Allgemeinen 100 Jahre Baunebenkosten: + 16 %				

A	B	C	D	E	F	G
Nr.	Gebäudetyp	Basisjahr	Güte	Raummeterpreise für Baujahre		
				vor 1925	1925–1960	nach 1960
4	**Einfamilienhaus, freistehend** Kellergeschoss, Erdgeschoss, Obergeschoss, voll ausgebautes Dachgeschoss	**1913** in M DIN 277 (1950)		23–30	24–32	24–32
		1958 in DM DIN 277 (1950)		80–104	83–111	83–111
		1980 in DM DIN 277 (1950)		250–310	310–390	390–475
		Normalherstellungskosten 1995 in DM DIN 277 (1987)	einfach	300–315	315–345	345–420
			mittel	345–360	360–395	395–485
			gehoben	415–435	435–475	475–585
			stark gehoben	530–550	550–605	605–740
		Lebensdauer:	60–100 Jahre, im Allgemeinen 100 Jahre			
		Baunebenkosten:	+ 16 %			
5	**Einfamilienhaus, freistehend** Kellergeschoss, Erdgeschoss, Obergeschoss, nicht ausgebautes Dachgeschoss	**1913** in M DIN 277 (1950)		23–30	24–32	24–32
		1958 in DM DIN 277 (1950)		80–104	83–111	83–111
		1980 in DM DIN 277 (1950)		250–310	310–390	390–475
		Normalherstellungskosten 1995 in DM DIN 277 (1987)	einfach	275–280	285–315	315–385
			mittel	315–330	330–360	360–445
			gehoben	380–395	395–435	435–535
			stark gehoben	480–500	500–550	550–675
		Lebensdauer:	60–100 Jahre, im Allgemeinen 100 Jahre			
		Baunebenkosten:	+ 16 %			
6	**Einfamilienhaus, freistehend** Kellergeschoss, Erdgeschoss, Obergeschoss, Flachdach	**1913** in M DIN 277 (1950)		18–22	22–28	28–34
		1958 in DM DIN 277 (1950)		80–104	83–111	83–111
		1980 in DM DIN 277 (1950)		250–310	310–390	390–475
		Normalherstellungskosten 1995 in DM DIN 277 (1987)	einfach	295–305	305–335	335–410
			mittel	340–355	355–385	385–475
			gehoben	405–420	420–465	465–570
			stark gehoben	515–535	535–590	590–720
		Lebensdauer:	60–100 Jahre, im Allgemeinen 100 Jahre			
		Baunebenkosten:	+ 16 %			

Einfamilienhaus, freistehend

Einfamilienhaus, freistehend

A	B	C	D	E	F	G
Nr.	Gebäudetyp	Basisjahr	Güte	Raummeterpreise für Baujahre		
				vor 1925	1925–1960	nach 1960
7	**Einfamilienhaus, freistehend** Erdgeschoss, voll ausgebautes Dachgeschoss, nicht unterkellert	**1913** in M DIN 277 (1950)		23–30	24–32	24–32
		1958 in DM DIN 277 (1950)		80–104	83–111	83–111
		1980 in DM DIN 277 (1950)		250–310	310–390	390–475
		Normalherstellungskosten	einfach	335–350	350–390	390–470
			mittel	380–395	395–440	440–540
			gehoben	450–475	475–525	525–640
		1995 in DM DIN 277 (1987)	stark gehoben	615–645	645–715	715–870
		Lebensdauer:	60–100 Jahre, im Allgemeinen 100 Jahre			
		Baunebenkosten:	+ 16 %			
8	**Einfamilienhaus, freistehend** Erdgeschoss, nicht ausgebautes Dachgeschoss, nicht unterkellert	**1913** in M DIN 277 (1950)	einfach	21–27	24–30	24–30
		1958 in DM DIN 277 (1950)		73–93	83–104	83–104
		1980 in DM DIN 277 (1950)		170–195	195–225	250–310
		Normalherstellungskosten	einfach	275–290	290–320	320–390
			mittel	320–335	335–365	365–445
			gehoben	380–395	395–440	440–535
		1995 in DM DIN 277 (1987)	stark gehoben	500–540	540–575	575–705
		Lebensdauer:	60–100 Jahre, im Allgemeinen 100 Jahre			
		Baunebenkosten:	+ 16 %			
9	**Einfamilienhaus, freistehend** Erdgeschoss, Flachdach, nicht unterkellert	**1913** in M DIN 277 (1950)		18–22	22–28	28–34
		1958 in DM DIN 277 (1950)		80–104	83–111	83–111
		1980 in DM DIN 277 (1950)		250–310	310–390	390–475
		Normalherstellungskosten	einfach	400–415	415–460	460–565
			mittel	455–480	480–530	530–650
			gehoben	540–565	656–630	630–765
		1995 in DM DIN 277 (1987)	stark gehoben	695–725	725–800	800–980
		Lebensdauer:	60–100 Jahre, im Allgemeinen 100 Jahre			
		Baunebenkosten:	+ 16 %			

A	B	C	D	E	F	G
Nr.	Gebäudetyp	Basisjahr	Güte	Raummeterpreise für Baujahre		
				vor 1925	1925–1960	nach 1960
10	**Einfamilienhaus, freistehend** Erdgeschoss, Oberge- schoss, voll ausgebautes Dachgeschoss, nicht unterkellert	**1913** in M DIN 277 (1950)		23–30	24–32	24–32
		1958 in DM DIN 277 (1950)		80–104	83–111	83–111
		1980 in DM DIN 277 (1950)		250–310	310–390	390–475
		Normalher- stellungs- kosten	einfach	320–330	330–365	365–450
			mittel	370–380	380–420	420–515
			gehoben	440–460	460–505	505–620
		1995 in DM DIN 277 (1987)	stark gehoben	560–580	580–640	640–785
		Lebensdauer:	60–100 Jahre, im Allgemeinen 100 Jahre			
		Baunebenkosten:	+ 16 %			
11	**Einfamilienhaus, freistehend** Erdgeschoss, Obergeschoss, nicht ausgebautes Dachge- schoss, nicht unterkellert	**1913** in M DIN 277 (1950)		23–30	28–37	28–37
		1958 in DM DIN 277 (1950)		80–104	97–128	97–128
		1980 in DM DIN 277 (1950)		250–310	310–390	390–475
		Normalher- stellungs- kosten	einfach	285–300	300–335	335–415
			mittel	330–345	345–385	385–470
			gehoben	395–410	410–460	460–565
		1995 in DM DIN 277 (1987)	stark gehoben	500–520	520–585	585–710
		Lebensdauer:	60–100 Jahre, im Allgemeinen 100 Jahre			
		Baunebenkosten:	+ 16 %			
12	**Einfamilienhaus, freistehend** Erdgeschoss, Oberge- schoss, Flachdach, nicht unterkellert	**1913** in M DIN 277 (1950)		18–22	22–28	28–34
		1958 in DM DIN 277 (1950)		80–104	83–111	83–111
		1980 in DM DIN 277 (1950)		250–310	310–390	390–475
		Normalher- stellungs- kosten	einfach	320–335	335–370	370–450
			mittel	370–385	385–425	425–520
			gehoben	445–460	460–510	510–625
		1995 in DM DIN 277 (1987)	stark gehoben	560–585	585–645	645–790
		Lebensdauer:	60–100 Jahre, im Allgemeinen 100 Jahre			
		Baunebenkosten:	+ 16 %			

Einfamilienhaus, freistehend

*Einfamilien-
Reihenhaus*

A	B	C	D	E	F	G
Nr.	Gebäudetyp	Basisjahr	Güte	Raummeterpreise für Baujahre		
				vor 1925	1925–1960	nach 1960
13	**Einfamilien-Reihenhaus** Kellergeschoss, Erdgeschoss, voll ausgebautes Dachgeschoss	**1913** in M DIN 277 (1950)		21–27	22–30	22–30
		1958 in DM DIN 277 (1950)		73–93	76–102	76–102
		1980 in DM DIN 277 (1950)		250–310	310–390	390–475
		Normalher-stellungs-kosten 1995 in DM DIN 277 (1987)	Kopfhaus, einfach	310–325	325–360	360–440
			Kopfhaus, mittel	330–350	350–385	385–470
			Mittelhaus, einfach	305–320	320–355	355–435
			Mittelhaus, mittel	320–340	340–375	375–460
		Lebensdauer:	60–100 Jahre, im Allgemeinen 100 Jahre			
		Baunebenkosten:	+ 14 %,			
14	**Einfamilien-Reihenhaus** Kellergeschoss, Erdgeschoss, nicht ausgebautes Dachgeschoss	**1913** in M DIN 277 (1950)		19–25	22–28	22–28
		1958 in DM DIN 277 (1950)		66–86	76–104	76–104
		1980 in DM DIN 277 (1950)		250–310	310–390	390–475
		Normalher-stellungs-kosten 1995 in DM DIN 277 (1987)	Kopfhaus, einfach	300–315	315–350	350–425
			Kopfhaus, mittel	320–335	335–375	375–455
			Mittelhaus, einfach	395–310	310–345	345–420
			Mittelhaus, mittel	315–335	335–370	370–450
		Lebensdauer:	60–100 Jahre, im Allgemeinen 100 Jahre			
		Baunebenkosten:	+ 14 %			

A	B	C	D	E	F	G
Nr.	**Gebäudetyp**	**Basisjahr**	**Güte**	**Raummeterpreise für Baujahre**		
				vor 1925	1925–1960	nach 1960
15	**Einfamilien-Reihenhaus** Kellergeschoss, Erdgeschoss, Flachdach	**1913** in M DIN 277 (1950)			19–25	25–32	25–32
		1958 in DM DIN 277 (1950)		66–86	87–111	87–111
		1980 in DM DIN 277 (1950)		250–310	310–390	390–475
		Normalherstellungskosten 1995 in DM DIN 277 (1987)	Kopfhaus, einfach	310–330	330–365	365–445
			Kopfhaus, mittel	330–350	350–385	385–470
			Mittelhaus, einfach	310–325	325–360	360–440
			Mittelhaus, mittel	325–345	345–380	380–465
		Lebensdauer:	60–100 Jahre, im Allgemeinen 100 Jahre			
		Baunebenkosten:	+ 14 %			
16	**Einfamilien-Reihenhaus** Kellergeschoss, Erdgeschoss, Obergeschoss, voll ausgebautes Dachgeschoss	**1913** in M DIN 277 (1950)			19–25	23–30	23–30
		1958 in DM DIN 277 (1950)		66–86	80–104	80–104
		1980 in DM DIN 277 (1950)		250–310	310–390	390–475
		Normalherstellungskosten 1995 in DM DIN 277 (1987)	Kopfhaus, einfach	340–360	360–400	400–490
			Kopfhaus, mittel	360–380	380–420	420–510
			Mittelhaus, einfach	340–360	360–400	400–485
			Mittelhaus, mittel	355–375	375–415	415–505
		Lebensdauer:	60–100 Jahre, im Allgemeinen 100 Jahre			
		Baunebenkosten:	+ 14 %			

Einfamilien-Reihenhaus

*Einfamilien-
Reihenhaus*

A	B	C	D	E	F	G
Nr.	**Gebäudetyp**	**Basisjahr**	**Güte**	**Raummeterpreise für Baujahre**		
				vor 1925	1925–1960	nach 1960
17	**Einfamilien-Reihenhaus** Kellergeschoss, Erdgeschoss, Obergeschoss, nicht ausgebautes Dachgeschoss	**1913** in M DIN 277 (1950)			19–25	23–30	23–30
		1958 in DM DIN 277 (1950)		66–86	80–104	80–104
		1980 in DM DIN 277 (1950)		250–310	310–390	390–475
		Normalher-stellungs-kosten 1995 in DM DIN 277 (1987)	Kopfhaus, einfach	320–340	340–380	380–460
			Kopfhaus, mittel	335–355	355–390	390–480
			Mittelhaus, einfach	320–340	340–375	375–455
			Mittelhaus, mittel	330–350	350–385	385–475
		Lebensdauer:	60–100 Jahre, im Allgemeinen 100 Jahre			
		Baunebenkosten:	+ 14 %			
18	**Einfamilien-Reihenhaus** Kellergeschoss, Erdgeschoss, Obergeschoss, Flachdach	**1913** in M DIN 277 (1950)			19–25	24–30	24–30
		1958 in DM DIN 277 (1950)		66–86	83–104	83–104
		1980 in DM DIN 277 (1950)		250–310	310–390	390–475
		Normalher-stellungs-kosten 1995 in DM DIN 277 (1987)	Kopfhaus, einfach	345–365	365–405	405–495
			Kopfhaus, mittel	365–385	385–425	425–520
			Mittelhaus, einfach	340–360	360–400	400–490
			Mittelhaus, mittel	360–380	380–420	420–515
		Lebensdauer:	60–100 Jahre, im Allgemeinen 100 Jahre			
		Baunebenkosten:	+ 14 %			

A	B	C	D	E	F	G
Nr.	Gebäudetyp	Basisjahr	Güte	Raummeterpreise für Baujahre		
				vor 1925	1925–1960	nach 1960
19	**Einfamilien-Reihenhaus** Erdgeschoss, voll ausgebautes Dachgeschoss, nicht unterkellert	**1913** in M DIN 277 (1950)		22–28	28–35	28–35
		1958 in DM DIN 277 (1950)		76–97	97–121	97–121
		1980 in DM DIN 277 (1950)		250–310	310–390	390–475
		Normalher-stellungs-kosten 1995 in DM DIN 277 (1987)	Kopfhaus, einfach	375–395	395–440	440–535
			Kopfhaus, mittel	400–425	425–470	470–570
			Mittelhaus, einfach	370–390	390–430	430–525
			Mittelhaus, mittel	395–415	415–460	460–560
		Lebensdauer:	60–100 Jahre, im Allgemeinen 100 Jahre			
		Baunebenkosten:	+ 14 %			
20	**Einfamilien-Reihenhaus** Erdgeschoss, nicht ausgebautes Dachgeschoss, nicht unterkellert	**1913** in M DIN 277 (1950)		22–28	28–35	28–35
		1958 in DM DIN 277 (1950)		76–97	97–121	97–121
		1980 in DM DIN 277 (1950)		250–310	310–390	390–475
		Normalher-stellungs-kosten 1995 in DM DIN 277 (1987)	Kopfhaus, einfach	375–395	395–435	435–535
			Kopfhaus, mittel	405–430	430–475	475–580
			Mittelhaus, einfach	365–385	385–430	430–525
			Mittelhaus, mittel	400–420	420–470	470–570
		Lebensdauer:	60–100 Jahre, im Allgemeinen 100 Jahre			
		Baunebenkosten:	+ 14 %			

Einfamilien-Reihenhaus

Einfamilien-Reihenhaus

A	B	C	D	E	F	G
Nr.	Gebäudetyp	Basisjahr	Güte	Raummeterpreise für Baujahre		
				vor 1925	1925–1960	nach 1960
21	**Einfamilien-Reihenhaus** Erdgeschoss, Flachdach, nicht unterkellert	**1913** in M DIN 277 (1950)		22–28	33–43	33–43
		1958 in DM DIN 277 (1950)		76–97	115–149	115–149
		1980 in DM DIN 277 (1950)		250–310	310–390	390–475
		Normalher-stellungs-kosten 1995 in DM DIN 277 (1987)	Kopfhaus, einfach	375–395	395–440	440–535
			Kopfhaus, mittel	400–425	425–470	470–570
			Mittelhaus, einfach	370–390	390–430	430–525
			Mittelhaus, mittel	395–420	420–465	465–565
		Lebensdauer: Baunebenkosten:	60–100 Jahre, im Allgemeinen 100 Jahre + 14 %			
22	**Einfamilien-Reihenhaus** Erdgeschoss, Obergeschoss, voll ausgebautes Dachgeschoss, nicht unterkellert	**1913** in M DIN 277 (1950)		22–28	25–33	25–33
		1958 in DM DIN 277 (1950)		76–97	86–125	86–125
		1980 in DM DIN 277 (1950)		250–310	310–390	390–475
		Normalher-stellungs-kosten 1995 in DM DIN 277 (1987)	Kopfhaus, einfach	365–385	385–425	425–520
			Kopfhaus, mittel	385–405	405–450	450–550
			Mittelhaus, einfach	360–380	380–420	420–515
			Mittelhaus, mittel	380–405	405–445	445–545
		Lebensdauer: Baunebenkosten:	60–100 Jahre, im Allgemeinen 100 Jahre + 14 %			

A	B	C	D	E	F	G
Nr.	Gebäudetyp	Basisjahr	Güte	Raummeterpreise für Baujahre		
				vor 1925	1925–1960	nach 1960
23	**Einfamilien-Reihenhaus** Erdgeschoss, Obergeschoss, nicht ausgebautes Dachgeschoss, nicht unterkellert	**1913** in M DIN 277 (1950)		22–28	25–33	25–33
		1958 in DM DIN 277 (1950)		76–97	86–125	86–125
		1980 in DM DIN 277 (1950)		250–310	310–390	390–475
		Normalher-stellungs-kosten 1995 in DM DIN 277 (1987)	Kopfhaus, einfach	340–360	360–395	395–480
			Kopfhaus, mittel	355–375	375–415	415–505
			Mittelhaus, einfach	335–355	355–390	390–475
			Mittelhaus, mittel	350–370	370–410	410–500
		Lebensdauer:	60–100 Jahre, im Allgemeinen 100 Jahre			
		Baunebenkosten:	+ 14 %			
24	**Einfamilien-Reihenhaus** Erdgeschoss, Obergeschoss, Flachdach, nicht unterkellert	**1913** in M DIN 277 (1950)		22–28	28–37	28–37
		1958 in DM DIN 277 (1950)		76–97	97–128	97–128
		1980 in DM DIN 277 (1950)		250–310	310–390	390–475
		Normalher-stellungs-kosten 1995 in DM DIN 277 (1987)	Kopfhaus, einfach	380–400	400–445	445–540
			Kopfhaus, mittel	395–420	420–465	465–565
			Mittelhaus, einfach	375–395	395–435	435–535
			Mittelhaus, mittel	390–415	415–460	460–560
		Lebensdauer:	60–100 Jahre, im Allgemeinen 100 Jahre			
		Baunebenkosten:	+ 14 %			

Einfamilien-Reihenhaus

A	B	C	D	E	F	G
Nr.	Gebäudetyp	Basisjahr	Güte	**Raummeterpreise für Baujahre**		
				vor 1925	1925–1960	nach 1960
25	**Mehrfamilienhaus, Kopfhaus**	**1913** in M	Sozial-		13–18	13–18
		DIN 277 (1950)	wohnung	15–23	19–33	19–33
	Kellergeschoss, Erdge-	**1958** in DM	Sozial-		52–62	52–62
	schoss, Obergeschoss,	DIN 277 (1950)	wohnung	52–80	66–115	66–115
	voll ausgebautes Dachge-	**1980** in DM		180–210	210–260	260–310
	schoss, Zweispänner	DIN 277 (1950)				
	(zwei Wohneinheiten	**Normalher-**	Kopfhaus,	330–350	350–390	390–475
	je Geschoss), durch-	**stellungs-**	einfach			
	schnittliche Wohnungs-	**kosten**	Kopfhaus,	345–365	365–405	405–490
	größe ca. 50 qm pro	**1995** in DM	mittel			
	Wohneinheit	DIN 277 (1987)	Kopfhaus,	380–400	400–440	440–540
			gehoben			

Lebensdauer: 60–80 Jahre,
  im Allgemeinen 80 Jahre
Baunebenkosten: + 14 %
Korrekturfaktoren:
  ■ bei Abweichungen von der Grundrissart
    Einspänner   1,05
    Dreispänner   0,97
    Vierspänner   0,95
  ■ bei Abweichungen von der Wohnungsgröße
    ca. 35 qm pro Wohneinheit   1,10
    ca. 100 qm pro Wohneinheit 0,85

26	**Mehrfamilienhaus, Mittelhaus**	**1913** in M	Sozial-		13–18	13–18
		DIN 277 (1950)	wohnung	15–23	19–33	19–33
	Kellergeschoss, Erdge-	**1958** in DM	Sozial-		52–62	52–62
	schoss, Obergeschoss,	DIN 277 (1950)	wohnung	52–80	66–115	66–115
	voll ausgebautes Dachge-	**1980** in DM		180–210	210–260	260–310
	schoss, Zweispänner	DIN 277 (1950)				
	(zwei Wohneinheiten je	**Normalher-**	Mittelhaus,	330–345	345–385	385–470
	Geschoss), durch-	**stellungs-**	einfach			
	schnittliche Wohnungs-	**kosten**	Mittelhaus,	340–360	360–400	400–485
	größe ca. 50 qm pro	**1995** in DM	mittel			
	Wohneinheit	DIN 277 (1987)	Mittelhaus,	375–395	395–435	435–535
			gehoben			

Lebensdauer: 60–80 Jahre,
  im Allgemeinen 80 Jahre
Baunebenkosten: + 14 %
Korrekturfaktoren:
  ■ bei Abweichungen von der Grundrissart
    Einspänner   1,05
    Dreispänner   0,97
    Vierspänner   0,95
  ■ bei Abweichungen von der Wohnungsgröße
    ca. 35 qm pro Wohneinheit   1,10
    ca. 100 qm pro Wohneinheit 0,85

Mehr-familienhaus, Kopfhaus

Mehr-familienhaus, Mittelhaus

A	B	C	D	E	F	G
Nr.	Gebäudetyp	Basisjahr	Güte	Raummeterpreise für Baujahre		
				vor 1925	1925–1960	nach 1960
27	**Mehrfamilienhaus, freistehend**	**1913** in M	Sozial-		13–18	13–18
	Kellergeschoss,	DIN 277 (1950)	wohnung	15–23	19–33	19–33
	Erdgeschoss,	**1958** in DM	Sozial-		52–62	52–62
	Obergeschoss,	DIN 277 (1950)	wohnung	52–80	66–115	66–115
	voll ausgebautes Dach-	**1980** in DM		180–210	210–260	260–310
	geschoss, Zweispänner	DIN 277 (1950)				
	(zwei Wohneinheiten je	**Normalher-**	freistehend,	335–360	360–395	395–485
	Geschoss), durchschnitt-	**stellungs-**	einfach			
	liche Wohnungsgröße	**kosten**	freistehend,	350–370	370–410	410–500
	ca. 50 qm pro	**1995** in DM	mittel			
	Wohneinheit	DIN 277 (1987)	freistehend,	385–405	405–450	450–545
			gehoben			

Lebensdauer: 60–80 Jahre, im Allgemeinen 80 Jahre
Baunebenkosten: + 14 %
Korrekturfaktoren:
- bei Abweichungen von der Grundrissart
  - Einspänner   1,05
  - Dreispänner   0,97
  - Vierspänner   0,95
- bei Abweichungen von der Wohnungsgröße
  - ca. 35 qm pro Wohneinheit   1,10
  - ca. 100 qm pro Wohneinheit   0,85

A	B	C	D	E	F	G
28	**Mehrfamilienhaus, Kopfhaus**	**1913** in M	Sozial-		13–18	13–18
	Kellergeschoss,	DIN 277 (1950)	wohnung	15–23	19–33	19–33
	Erdgeschoss,	**1958** in DM	Sozial-		52–62	52–62
	Obergeschoss,	DIN 277 (1950)	wohnung	52–80	66–115	66–115
	nicht ausgebautes Dach-	**1980** in DM		180–210	210–260	260–310
	geschoss, Zweispänner	DIN 277 (1950)				
	(zwei Wohneinheiten je	**Normalher-**	Kopfhaus,	310–325	325–360	360–440
	Geschoss), durchschnitt-	**stellungs-**	einfach			
	liche Wohnungsgröße	**kosten**	Kopfhaus,	320–340	340–375	375–455
	ca. 50 qm pro	**1995** in DM	mittel			
	Wohneinheit	DIN 277 (1987)	Kopfhaus,	350–370	370–410	410–500
			gehoben			

Lebensdauer: 60–80 Jahre, im Allgemeinen 80 Jahre
Baunebenkosten: + 14 %
Korrekturfaktoren:
- bei Abweichungen von der Grundrissart
  - Einspänner   1,05
  - Dreispänner   0,97
  - Vierspänner   0,95
- bei Abweichungen von der Wohnungsgröße
  - ca. 35 qm pro Wohneinheit   1,10
  - ca. 100 qm pro Wohneinheit   0,85

Mehr-familienhaus, freistehend

Mehr-familienhaus, Kopfhaus

Mehr-familienhaus, Mittelhaus

Mehr-familienhaus, freistehend

A	B	C	D	E	F	G
Nr.	Gebäudetyp	Basisjahr	Güte	Raummeterpreise für Baujahre		
				vor 1925	1925–1960	nach 1960
29	**Mehrfamilienhaus, Mittelhaus** Kellergeschoss, Erdgeschoss, Obergeschoss, nicht ausgebautes Dachgeschoss, Zweispänner (zwei Wohneinheiten je Geschoss), durchschnittliche Wohnungsgröße ca. 50 qm pro Wohneinheit	**1913** in M DIN 277 (1950)	Sozialwohnung	15–23	13–18 19–33	13–18 19–33
		1958 in DM DIN 277 (1950)	Sozialwohnung	52–80	52–62 66–115	52–62 66–115
		1980 in DM DIN 277 (1950)		180–210	210–260	260–310
		Normalherstellungskosten 1995 in DM DIN 277 (1987)	Mittelhaus, einfach	305–320	320–355	355–435
			Mittelhaus, mittel	315–335	335–370	370–455
			Mittelhaus, gehoben	350–365	365–405	405–495

Lebensdauer: 60–80 Jahre, im Allgemeinen 80 Jahre
Baunebenkosten: + 14 %
Korrekturfaktoren:
- bei Abweichungen von der Grundrissart
  Einspänner ... 1,05
  Dreispänner ... 0,97
  Vierspänner ... 0,95
- bei Abweichungen von der Wohnungsgröße
  ca. 35 qm pro Wohneinheit ... 1,10
  ca. 100 qm pro Wohneinheit ... 0,85

A	B	C	D	E	F	G
30	**Mehrfamilienhaus, freistehend** Kellergeschoss, Erdgeschoss, Obergeschoss, nicht ausgebautes Dachgeschoss, Zweispänner (zwei Wohneinheiten je Geschoss), durchschnittliche Wohnungsgröße ca. 50 qm pro Wohneinheit	**1913** in M DIN 277 (1950)	Sozialwohnung	15–23	13–18 19–33	13–18 19–33
		1958 in DM DIN 277 (1950)	Sozialwohnung	52–80	52–62 66–115	52–62 66–115
		1980 in DM DIN 277 (1950)		180–210	210–260	260–310
		Normalherstellungskosten 1995 in DM DIN 277 (1987)	freistehend, einfach	315–330	330–370	370–450
			freistehend, mittel	325–345	345–380	380–465
			freistehend, gehoben	355–380	380–420	420–510

Lebensdauer: 60–80 Jahre, im Allgemeinen 80 Jahre
Baunebenkosten: + 14 %
Korrekturfaktoren:
- bei Abweichungen von der Grundrissart
  Einspänner ... 1,05
  Dreispänner ... 0,97
  Vierspänner ... 0,95
- bei Abweichungen von der Wohnungsgröße
  ca. 35 qm pro Wohneinheit ... 1,10
  ca. 100 qm pro Wohneinheit ... 0,85

A	B	C	D	E	F	G
Nr.	Gebäudetyp	Basisjahr	Güte	Raummeterpreise für Baujahre		
				vor 1925	1925–1960	nach 1960
31	**Mehrfamilienhaus, Kopfhaus**	**1913** in M	Sozial-		13–18	13–18
	Kellergeschoss,	DIN 277 (1950)	wohnung	15–23	19–33	19–33
	Erdgeschoss,	**1958** in DM	Sozial-		52–62	52–62
	Obergeschoss,	DIN 277 (1950)	wohnung	52–80	66–115	66–115
	Flachdach, Zweispänner	**1980** in DM		180–210	210–260	260–310
	(zwei Wohneinheiten je	DIN 277 (1950)				
	Geschoss), durchschnitt-	**Normalher-**	Kopfhaus,			395–480
	liche Wohnungsgröße	**stellungs-**	einfach			
	ca. 50 qm pro	**kosten**	Kopfhaus,			410–500
	Wohneinheit	**1995** in DM	mittel			
		DIN 277 (1987)	Kopfhaus,			450–545
			gehoben			

Lebensdauer: 60–80 Jahre,
im Allgemeinen 80 Jahre
Baunebenkosten: + 14 %
Korrekturfaktoren:
- bei Abweichungen von der Grundrissart
  - Einspänner — 1,05
  - Dreispänner — 0,97
  - Vierspänner — 0,95
- bei Abweichungen von der Wohnungsgröße
  - ca. 35 qm pro Wohneinheit — 1,10
  - ca. 100 qm pro Wohneinheit — 0,85

Mehr-familienhaus, Kopfhaus

A	B	C	D	E	F	G
32	**Mehrfamilienhaus, Mittelhaus**	**1913** in M	Sozial-		13–18	13–18
	Kellergeschoss,	DIN 277 (1950)	wohnung	15–23	19–33	19–33
	Erdgeschoss,	**1958** in DM	Sozial-		52–62	52–62
	Obergeschoss, Flach-	DIN 277 (1950)	wohnung	52–80	66–115	66–115
	dach, Zweispänner	**1980** in DM		180–210	210–260	260–310
	(zwei Wohneinheiten je	DIN 277 (1950)				
	Geschoss), durchschnitt-	**Normalher-**	Mittelhaus,			390–475
	liche Wohnungsgröße	**stellungs-**	einfach			
	ca. 50 qm pro	**kosten**	Mittelhaus,			405–495
	Wohneinheit	**1995** in DM	mittel			
		DIN 277 (1987)	Mittelhaus,			445–540
			gehoben			

Lebensdauer: 60–80 Jahre,
im Allgemeinen 80 Jahre
Baunebenkosten: + 14 %
Korrekturfaktoren:
- bei Abweichungen von der Grundrissart
  - Einspänner — 1,05
  - Dreispänner — 0,97
  - Vierspänner — 0,95
- bei Abweichungen von der Wohnungsgröße
  - ca. 35 qm pro Wohneinheit — 1,10
  - ca. 100 qm pro Wohneinheit — 0,85

Mehr-familienhaus, Mittelhaus

Mehr-
familienhaus,
freistehend

Mehr-
familienhaus,
Kopfhaus

A	B	C	D	E	F	G
Nr.	**Gebäudetyp**	**Basisjahr**	**Güte**	**Raummeterpreise für Baujahre**		
				vor 1925	1925–1960	nach 1960
33	**Mehrfamilienhaus, freistehend** Kellergeschoss, Erdgeschoss, Oberge-schoss, Flachdach, Zwei-spänner (zwei Wohnein-heiten je Geschoss), durchschnittliche Wohnungsgröße ca. 50 qm pro Wohneinheit	**1913** in M DIN 277 (1950)	Sozial-wohnung	15–23	13–18 19–33	13–18 19–33
		1958 in DM DIN 277 (1950)	Sozial-wohnung	52–80	52–62 66–115	52–62 66–115
		1980 in DM DIN 277 (1950)		180–210	210–260	260–310
		Normalher-stellungs-kosten 1995 in DM DIN 277 (1987)	freistehend, einfach			400–490
			freistehend, mittel			415–505
			freistehend, gehoben			455–555

Lebensdauer: 60–80 Jahre, im Allgemeinen 80 Jahre
Baunebenkosten: + 14 %
Korrekturfaktoren:
- bei Abweichungen von der Grundrissart
  Einspänner 1,05
  Dreispänner 0,97
  Vierspänner 0,95
- bei Abweichungen von der Wohnungsgröße
  ca. 35 qm pro Wohneinheit 1,10
  ca. 100 qm pro Wohneinheit 0,85

A	B	C	D	E	F	G
34	**Mehrfamilienhaus, Kopfhaus** Kellergeschoss, Erdgeschoss, zwei Obergeschosse, voll ausgebautes Dach-geschoss, Zweispänner (zwei Wohneinheiten je Geschoss), durchschnitt-liche Wohnungsgröße ca. 50 qm pro Wohneinheit	**1913** in M DIN 277 (1950)	Sozial-wohnung	15–23	13–18 19–33	13–18 19–33
		1958 in DM DIN 277 (1950)	Sozial-wohnung	52–80	52–62 66–115	52–62 66–115
		1980 in DM DIN 277 (1950)		180–210	210–260	260–310
		Normalher-stellungs-kosten 1995 in DM DIN 277 (1987)	Kopfhaus, einfach	345–365	365–405	405–490
			Kopfhaus, mittel	360–380	380–420	420–515
			Kopfhaus, gehoben	190–415	415–460	460–560

Lebensdauer: 60–80 Jahre, im Allgemeinen 80 Jahre
Baunebenkosten: + 14 %
Korrekturfaktoren:
- bei Abweichungen von der Grundrissart
  Einspänner 1,05
  Dreispänner 0,97
  Vierspänner 0,95
- bei Abweichungen von der Wohnungsgröße
  ca. 35 qm pro Wohneinheit 1,10
  ca. 100 qm pro Wohneinheit 0,85

A	B	C	D	E	F	G
Nr.	Gebäudetyp	Basisjahr	Güte	Raummeterpreise für Baujahre		
				vor 1925	1925–1960	nach 1960
35	**Mehrfamilienhaus, Mittelhaus**	**1913** in M	Sozial-		13–18	13–18
		DIN 277 (1950)	wohnung	15–23	19–33	19–33
	Kellergeschoss,	**1958** in DM	Sozial-		52–62	52–62
	Erdgeschoss,	DIN 277 (1950)	wohnung	52–80	66–115	66–115
	zwei Obergeschosse,	**1980** in DM		180–210	210–260	260–310
	voll ausgebautes Dach-	DIN 277 (1950)				
	geschoss, Zweispänner	**Normalher-**	Mittelhaus,	340–360	360–400	400–485
	(zwei Wohneinheiten je	**stellungs-**	einfach			
	Geschoss), durchschnitt-	**kosten**	Mittelhaus,	360–380	380–420	420–510
	liche Wohnungsgröße	**1995** in DM	mittel			
	ca. 50 qm pro	DIN 277 (1987)	Mittelhaus,	385–410	410–455	455–555
	Wohneinheit		gehoben			

Lebensdauer: 60–80 Jahre, im Allgemeinen 80 Jahre
Baunebenkosten: + 14 %
Korrekturfaktoren:
- bei Abweichungen von der Grundrissart
  Einspänner   1,05
  Dreispänner   0,97
  Vierspänner   0,95
- bei Abweichungen von der Wohnungsgröße
  ca. 35 qm pro Wohneinheit   1,10
  ca. 100 qm pro Wohneinheit   0,85

36	**Mehrfamilienhaus, freistehend**	**1913** in M	Sozial-		13–18	13–18
		DIN 277 (1950)	wohnung	15–23	19–33	19–33
	Kellergeschoss,	**1958** in DM	Sozial-		52–62	52–62
	Erdgeschoss,	DIN 277 (1950)	wohnung	52–80	66–115	66–115
	zwei Obergeschosse,	**1980** in DM		180–210	210–260	260–310
	voll ausgebautes Dach-	DIN 277 (1950)				
	geschoss, Zweispänner	**Normalher-**	freistehend,	350–370	370–410	410–500
	(zwei Wohneinheiten je	**stellungs-**	einfach			
	Geschoss), durchschnitt-	**kosten**	freistehend,	370–390	390–430	430–525
	liche Wohnungsgröße	**1995** in DM	mittel			
	ca. 50 qm pro	DIN 277 (1987)	freistehend,	400–420	420–465	465–570
	Wohneinheit		gehoben			

Lebensdauer: 60–80 Jahre, im Allgemeinen 80 Jahre
Baunebenkosten: + 14 %
Korrekturfaktoren:
- bei Abweichungen von der Grundrissart
  Einspänner   1,05
  Dreispänner   0,97
  Vierspänner   0,95
- bei Abweichungen von der Wohnungsgröße
  ca. 35 qm pro Wohneinheit   1,10
  ca. 100 qm pro Wohneinheit   0,85

*Mehr-
familienhaus,
Mittelhaus*

*Mehr-
familienhaus,
freistehend*

Mehr-familienhaus, Kopfhaus

Mehr-familienhaus, Mittelhaus

A	B	C	D	E	F	G
Nr.	Gebäudetyp	Basisjahr	Güte	Raummeterpreise für Baujahre		
				vor 1925	1925–1960	nach 1960
37	**Mehrfamilienhaus, Kopfhaus**	**1913** in M	Sozial-		13–18	13–18
		DIN 277 (1950)	wohnung	15–23	19–33	19–33
	Kellergeschoss,	**1958** in DM	Sozial-		52–62	52–62
	Erdgeschoss,	DIN 277 (1950)	wohnung	52–80	66–115	66–115
	zwei Obergeschosse,	**1980** in DM		180–210	210–260	260–310
	nicht ausgebautes Dach-	DIN 277 (1950)				
	geschoss, Zweispänner	**Normalher-**	Kopfhaus,	320–335	335–375	375–455
	(zwei Wohneinheiten je	**stellungs-**	einfach			
	Geschoss), durchschnitt-	**kosten**	Kopfhaus,	335–355	355–395	395–480
	liche Wohnungsgröße	**1995** in DM	mittel			
	ca. 50 qm pro	DIN 277 (1987)	Kopfhaus,	365–385	385–430	430–520
	Wohneinheit		gehoben			

Lebensdauer: 60–80 Jahre, im Allgemeinen 80 Jahre
Baunebenkosten: + 14 %
Korrekturfaktoren:
- bei Abweichungen von der Grundrissart
  Einspänner 1,05
  Dreispänner 0,97
  Vierspänner 0,95
- bei Abweichungen von der Wohnungsgröße
  ca. 35 qm pro Wohneinheit 1,10
  ca. 100 qm pro Wohneinheit 0,85

A	B	C	D	E	F	G
38	**Mehrfamilienhaus, Mittelhaus**	**1913** in M	Sozial-		13–18	13–18
		DIN 277 (1950)	wohnung	15–23	19–33	19–33
	Kellergeschoss,	**1958** in DM	Sozial-		52–62	52–62
	Erdgeschoss,	DIN 277 (1950)	wohnung	52–80	66–115	66–115
	zwei Obergeschosse,	**1980** in DM		180–210	210–260	260–310
	nicht ausgebautes Dach-	DIN 277 (1950)				
	geschoss, Zweispänner	**Normalher-**	Mittelhaus,	315–335	335–370	370–450
	(zwei Wohneinheiten je	**stellungs-**	einfach			
	Geschoss), durchschnitt-	**kosten**	Mittelhaus,	330–350	350–390	390–475
	liche Wohnungsgröße	**1995** in DM	mittel			
	ca. 50 qm pro	DIN 277 (1987)	Mittelhaus,	360–380	380–420	420–515
	Wohneinheit		gehoben			

Lebensdauer: 60–80 Jahre, im Allgemeinen 80 Jahre
Baunebenkosten: + 14 %
Korrekturfaktoren:
- bei Abweichungen von der Grundrissart
  Einspänner 1,05
  Dreispänner 0,97
  Vierspänner 0,95
- bei Abweichungen von der Wohnungsgröße
  ca. 35 qm pro Wohneinheit 1,10
  ca. 100 qm pro Wohneinheit 0,85

A	B	C	D	E	F	G
Nr.	Gebäudetyp	Basisjahr	Güte	Raummeterpreise für Baujahre		
				vor 1925	1925–1960	nach 1960
39	Mehrfamilienhaus, freistehend	**1913** in M	Sozial-		13–18	13–18
	Kellergeschoss, Erdgeschoss, zwei Obergeschosse, nicht ausgebautes Dach-geschoss, Zweispänner (zwei Wohneinheiten je Geschoss), durchschnitt-liche Wohnungsgröße ca. 50 qm pro Wohneinheit	DIN 277 (1950)	wohnung	15–23	19–33	19–33
		1958 in DM	Sozial-		52–62	52–62
		DIN 277 (1950)	wohnung	52–80	66–115	66–115
		1980 in DM		180–210	210–260	260–310
		DIN 277 (1950)				
		Normalher-	freistehend,	325–345	345–380	380–465
		stellungs-	einfach			
		kosten	freistehend,	340–360	360–400	400–490
		1995 in DM	mittel			
		DIN 277 (1987)	freistehend, gehoben	370–390	390–435	435–530

Lebensdauer: 60–80 Jahre, im Allgemeinen 80 Jahre
Baunebenkosten: + 14 %
Korrekturfaktoren:
- bei Abweichungen von der Grundrissart
  Einspänner 1,05
  Dreispänner 0,97
  Vierspänner 0,95
- bei Abweichungen von der Wohnungsgröße
  ca. 35 qm pro Wohneinheit 1,10
  ca. 100 qm pro Wohneinheit 0,85

A	B	C	D	E	F	G
40	Mehrfamilienhaus, Kopfhaus	**1913** in M	Sozial-		13–18	13–18
	Kellergeschoss, Erdgeschoss, zwei Obergeschosse, Flachdach, Zweispänner (zwei Wohneinheiten je Geschoss), durchschnitt-liche Wohnungsgröße ca. 50 qm pro Wohneinheit	DIN 277 (1950)	wohnung	15–23	19–33	19–33
		1958 in DM	Sozial-		52–62	52–62
		DIN 277 (1950)	wohnung	52–80	66–115	66–115
		1980 in DM		180–210	210–260	260–310
		DIN 277 (1950)				
		Normalher-	Kopfhaus,			410–500
		stellungs-	einfach			
		kosten	Kopfhaus,			430–525
		1995 in DM	mittel			
		DIN 277 (1987)	Kopfhaus, gehoben			465–570

Lebensdauer: 60–80 Jahre, im Allgemeinen 80 Jahre
Baunebenkosten: + 14 %
Korrekturfaktoren:
- bei Abweichungen von der Grundrissart
  Einspänner 1,05
  Dreispänner 0,97
  Vierspänner 0,95
- bei Abweichungen von der Wohnungsgröße
  ca. 35 qm pro Wohneinheit 1,10
  ca. 100 qm pro Wohneinheit 0,85

*Mehr-
familienhaus,
freistehend*

*Mehr-
familienhaus,
Kopfhaus*

Mehr-familienhaus, Mittelhaus

Mehr-familienhaus, freistehend

A	B	C	D	E	F	G
Nr.	Gebäudetyp	Basisjahr	Güte	Raummeterpreise für Baujahre		
				vor 1925	1925–1960	nach 1960
41	**Mehrfamilienhaus, Mittelhaus**	**1913** in M DIN 277 (1950)	Sozial- wohnung	15–23	13–18 19–33	13–18 19–33
	Kellergeschoss, Erdgeschoss,	**1958** in DM DIN 277 (1950)	Sozial- wohnung	52–80	52–62 66–115	52–62 66–115
	zwei Obergeschosse, Flachdach, Zweispänner	**1980** in DM DIN 277 (1950)		180–210	210–260	260–310
	(zwei Wohneinheiten je Geschoss), durchschnitt-	**Normalher-stellungs-**	Mittelhaus, einfach			405–495
	liche Wohnungsgröße ca. 50 qm pro	**kosten 1995** in DM	Mittelhaus, mittel			425–520
	Wohneinheit	DIN 277 (1987)	Mittelhaus, gehoben			460–560

Lebensdauer: 60–80 Jahre, im Allgemeinen 80 Jahre

Baunebenkosten: + 14 %

Korrekturfaktoren:
- bei Abweichungen von der Grundrissart
  - Einspänner 1,05
  - Dreispänner 0,97
  - Vierspänner 0,95
- bei Abweichungen von der Wohnungsgröße
  - ca. 35 qm pro Wohneinheit 1,10
  - ca. 100 qm pro Wohneinheit 0,85

A	B	C	D	E	F	G
42	**Mehrfamilienhaus, freistehend**	**1913** in M DIN 277 (1950)	Sozial- wohnung	15–23	13–18 19–33	13–18 19–33
	Kellergeschoss, Erdgeschoss,	**1958** in DM DIN 277 (1950)	Sozial- wohnung	52–80	52–62 66–115	52–62 66–115
	zwei Obergeschosse, Flachdach, Zweispänner	**1980** in DM DIN 277 (1950)		180–210	210–260	260–310
	(zwei Wohneinheiten je Geschoss), durchschnitt-	**Normalher-stellungs-**	freistehend, einfach			415–505
	liche Wohnungsgröße ca. 50 qm pro	**kosten 1995** in DM	freistehend, mittel			435–535
	Wohneinheit	DIN 277 (1987)	freistehend, gehoben			475–580

Lebensdauer: 60–80 Jahre, im Allgemeinen 80 Jahre

Baunebenkosten: + 14 %

Korrekturfaktoren:
- bei Abweichungen von der Grundrissart
  - Einspänner 1,05
  - Dreispänner 0,97
  - Vierspänner 0,95
- bei Abweichungen von der Wohnungsgröße
  - ca. 35 qm pro Wohneinheit 1,10
  - ca. 100 qm pro Wohneinheit 0,85

A	B	C	D	E	F	G
Nr.	Gebäudetyp	Basisjahr	Güte	Raummeterpreise für Baujahre		
				vor 1925	1925–1960	nach 1960
43	**Mehrfamilienhaus, Kopfhaus** Kellergeschoss, Erdgeschoss, drei Obergeschosse, nicht ausgebautes Dachgeschoss, Zweispänner (zwei Wohneinheiten je Geschoss), durchschnittliche Wohnungsgröße ca. 50 qm pro Wohneinheit	**1913** in M DIN 277 (1950)	Sozialwohnung	15–23	13–18 19–33	13–18 19–33
		1958 in DM DIN 277 (1950)	Sozialwohnung	52–80	52–62 66–115	52–62 66–115
		1980 in DM DIN 277 (1950)		180–210	210–260	260–310
		Normalherstellungskosten 1995 in DM DIN 277 (1987)	Kopfhaus, einfach	330–345	345–385	385–470
			Kopfhaus, mittel	345–365	365–405	405–490
			Kopfhaus, gehoben	375–395	395–440	440–535

Lebensdauer: 60–80 Jahre, im Allgemeinen 80 Jahre
Baunebenkosten: + 14 %
Korrekturfaktoren:
- bei Abweichungen von der Grundrissart
  Einspänner   1,05
  Dreispänner   0,97
  Vierspänner   0,95
- bei Abweichungen von der Wohnungsgröße
  ca. 35 qm pro Wohneinheit   1,10
  ca. 100 qm pro Wohneinheit   0,85

Mehrfamilienhaus, Kopfhaus

A	B	C	D	E	F	G
44	**Mehrfamilienhaus, Mittelhaus** Kellergeschoss, Erdgeschoss, drei Obergeschosse, nicht ausgebautes Dachgeschoss, Zweispänner (zwei Wohneinheiten je Geschoss), durchschnittliche Wohnungsgröße ca. 50 qm pro Wohneinheit	**1913** in M DIN 277 (1950)	Sozialwohnung	15–23	13–18 19–33	13–18 19–33
		1958 in DM DIN 277 (1950)	Sozialwohnung	52–80	52–62 66–115	52–62 66–115
		1980 in DM DIN 277 (1950)		180–210	210–260	260–310
		Normalherstellungskosten 1995 in DM DIN 277 (1987)	Mittelhaus, einfach	325–345	345–380	380–465
			Mittelhaus, mittel	340–360	360–400	400–485
			Mittelhaus, gehoben	370–395	395–435	435–530

Lebensdauer: 60–80 Jahre, im Allgemeinen 80 Jahre
Baunebenkosten: + 14 %
Korrekturfaktoren:
- bei Abweichungen von der Grundrissart
  Einspänner   1,05
  Dreispänner   0,97
  Vierspänner   0,95
- bei Abweichungen von der Wohnungsgröße
  ca. 35 qm pro Wohneinheit   1,10
  ca. 100 qm pro Wohneinheit   0,85

Mehrfamilienhaus, Mittelhaus

Mehr-familienhaus, freistehend

Mehr-familienhaus, Kopfhaus

A	B	C	D	E	F	G
Nr.	Gebäudetyp	Basisjahr	Güte	Raummeterpreise für Baujahre		
				vor 1925	1925–1960	nach 1960
45	**Mehrfamilienhaus, freistehend** Kellergeschoss, Erdgeschoss, drei Obergeschosse, nicht ausgebautes Dachgeschoss, Zweispänner (zwei Wohneinheiten je Geschoss), durchschnittliche Wohnungsgröße ca. 50 qm pro Wohneinheit	**1913** in M	Sozial-		13–18	13–18
		DIN 277 (1950)	wohnung	15–23	19–33	19–33
		1958 in DM	Sozial-		52–62	52–62
		DIN 277 (1950)	wohnung	52–80	66–115	66–115
		1980 in DM		180–210	210–260	260–310
		DIN 277 (1950)				
		Normalher-stellungs-kosten **1995** in DM DIN 277 (1987)	freistehend, einfach	335–355	355–390	390–480
			freistehend, mittel	350–370	370–410	410–500
			freistehend, gehoben	380–400	400–445	445–545

Lebensdauer: 60–80 Jahre, im Allgemeinen 80 Jahre
Baunebenkosten: + 14 %
Korrekturfaktoren:
- bei Abweichungen von der Grundrissart
  Einspänner   1,05
  Dreispänner   0,97
  Vierspänner   0,95
- bei Abweichungen von der Wohnungsgröße
  ca. 35 qm pro Wohneinheit   1,10
  ca. 100 qm pro Wohneinheit   0,85

A	B	C	D	E	F	G
46	**Mehrfamilienhaus, Kopfhaus** Kellergeschoss, Erdgeschoss, drei Obergeschosse, Flachdach, Zweispänner (zwei Wohneinheiten je Geschoss), durchschnittliche Wohnungsgröße ca. 50 qm pro Wohneinheit	**1913** in M	Sozial-		13–18	13–18
		DIN 277 (1950)	wohnung	15–23	19–33	19–33
		1958 in DM	Sozial-		52–62	52–62
		DIN 277 (1950)	wohnung	52–80	66–115	66–115
		1980 in DM		180–210	210–260	260–310
		DIN 277 (1950)				
		Normalher-stellungs-kosten **1995** in DM DIN 277 (1987)	Kopfhaus, einfach		385–415	415–505
			Kopfhaus, mittel		400–435	435–530
			Kopfhaus, gehoben		435–470	470–575

Lebensdauer: 60–80 Jahre, im Allgemeinen 80 Jahre
Baunebenkosten: + 14 %
Korrekturfaktoren:
- bei Abweichungen von der Grundrissart
  Einspänner   1,05
  Dreispänner   0,97
  Vierspänner   0,95
- bei Abweichungen von der Wohnungsgröße
  ca. 35 qm pro Wohneinheit   1,10
  ca. 100 qm pro Wohneinheit   0,85

A	B	C	D	E	F	G
Nr.	Gebäudetyp	Basisjahr	Güte	Raummeterpreise für Baujahre		
				vor 1925	1925–1960	nach 1960
47	**Mehrfamilienhaus, Mittelhaus** Kellergeschoss, Erdgeschoss, drei Obergeschosse, Flachdach, Zweispänner (zwei Wohneinheiten je Geschoss), durchschnittliche Wohnungsgröße ca. 50 qm pro Wohneinheit	**1913** in M DIN 277 (1950)	Sozial- wohnung	15–23	13–18 19–33	13–18 19–33
		1958 in DM DIN 277 (1950)	Sozial- wohnung	52–80	52–62 66–115	52–62 66–115
		1980 in DM DIN 277 (1950)		180–210	210–260	260–310
		Normalher- stellungs- kosten	Mittelhaus, einfach		380–410	410–500
			Mittelhaus, mittel		400–430	430–525
		1995 in DM DIN 277 (1987)	Mittelhaus, gehoben		430–465	465–565

Lebensdauer: 60–80 Jahre, im Allgemeinen 80 Jahre
Baunebenkosten: + 14 %
Korrekturfaktoren:
- bei Abweichungen von der Grundrissart
  Einspänner   1,05
  Dreispänner   0,97
  Vierspänner   0,95
- bei Abweichungen von der Wohnungsgröße
  ca. 35 qm pro Wohneinheit   1,10
  ca. 100 qm pro Wohneinheit   0,85

Mehr-familienhaus, Mittelhaus

A	B	C	D	E	F	G
48	**Mehrfamilienhaus, freistehend** Kellergeschoss, Erdgeschoss, drei Obergeschosse, Flachdach, Zweispänner (zwei Wohneinheiten je Geschoss), durchschnittliche Wohnungsgröße ca. 50 qm pro Wohneinheit	**1913** in M DIN 277 (1950)	Sozial- wohnung	15–23	13–18 19–33	13–18 19–33
		1958 in DM DIN 277 (1950)	Sozial- wohnung	52–80	52–62 66–115	52–62 66–115
		1980 in DM DIN 277 (1950)		180–210	210–260	260–310
		Normalher- stellungs- kosten	freistehend, einfach		390–420	420–510
			freistehend, mittel		410–445	445–540
		1995 in DM DIN 277 (1987)	freistehend, gehoben		440–480	480–585

Lebensdauer: 60–80 Jahre, im Allgemeinen 80 Jahre
Baunebenkosten: + 14 %
Korrekturfaktoren:
- bei Abweichungen von der Grundrissart
  Einspänner   1,05
  Dreispänner   0,97
  Vierspänner   0,95
- bei Abweichungen von der Wohnungsgröße
  ca. 35 qm pro Wohneinheit   1,10
  ca. 100 qm pro Wohneinheit   0,85

Mehr-familienhaus, freistehend

*Mehr-
familienhaus,
Kopfhaus*

A	B	C	D	E	F	G
Nr.	**Gebäudetyp**	**Basisjahr**	**Güte**	**Raummeterpreise für Baujahre**		
				vor 1925	1925–1960	nach 1960
49	**Mehrfamilienhaus, Kopfhaus**	**1913** in M	Sozial-		19–22	19–22
	Kellergeschoss, Erdge-	DIN 277 (1950)	wohnung	18–27	21–34	21–34
	schoss, vier bis fünf	**1958** in DM	Sozial-		66–76	66–76
	Obergeschosse, nicht	DIN 277 (1950)	wohnung	63–95	73–118	73–118
	ausgebautes Dachge-	**1980** in DM		180–210	210–260	260–310
	schoss, Zweispänner	DIN 277 (1950)				
	(zwei Wohneinheiten	**Normalher-**	Kopfhaus,		360–385	385–470
	je Geschoss), durch-	**stellungs-**	einfach			
	schnittliche Wohnungs-	**kosten**	Kopfhaus,		375–405	405–495
	größe ca. 50 qm pro	**1995** in DM	mittel			
	Wohneinheit	DIN 277 (1987)	Kopfhaus,		405–440	440–535
			gehoben			

Lebensdauer: 60–80 Jahre, im Allgemeinen 80 Jahre
Baunebenkosten: + 14 %
Korrekturfaktoren:
- bei Abweichungen von der Grundrissart
  Einspänner 1,05
  Dreispänner 0,97
  Vierspänner 0,95
- bei Abweichungen von der Wohnungsgröße
  ca. 35 qm pro Wohneinheit 1,10
  ca. 100 qm pro Wohneinheit 0,85

*Mehr-
familienhaus,
Mittelhaus*

A	B	C	D	E	F	G
50	**Mehrfamilienhaus, Mittelhaus**	**1913** in M	Sozial-		19–22	19–22
	Kellergeschoss, Erdge-	DIN 277 (1950)	wohnung	18–27	21–34	21–34
	schoss, vier bis fünf	**1958** in DM	Sozial-		66–76	66–76
	Obergeschosse, nicht	DIN 277 (1950)	wohnung	63–95	73–118	73–118
	ausgebautes Dachge-	**1980** in DM		180–210	210–260	260–310
	schoss, Zweispänner	DIN 277 (1950)				
	(zwei Wohneinheiten	**Normalher-**	Mittelhaus,		355–380	380–465
	je Geschoss), durch-	**stellungs-**	einfach			
	schnittliche Wohnungs-	**kosten**	Mittelhaus,		370–400	400–490
	größe ca. 50 qm pro	**1995** in DM	mittel			
	Wohneinheit	DIN 277 (1987)	Mittelhaus,		405–435	435–530
			gehoben			

Lebensdauer: 60–80 Jahre, im Allgemeinen 80 Jahre
Baunebenkosten: + 14 %
Korrekturfaktoren:
- bei Abweichungen von der Grundrissart
  Einspänner 1,05
  Dreispänner 0,97
  Vierspänner 0,95
- bei Abweichungen von der Wohnungsgröße
  ca. 35 qm pro Wohneinheit 1,10
  ca. 100 qm pro Wohneinheit 0,85

A	B	C	D	E	F	G
Nr.	Gebäudetyp	Basisjahr	Güte	Raummeterpreise für Baujahre		
				vor 1925	1925–1960	nach 1960
51	**Mehrfamilienhaus, freistehend**	**1913** in M	Sozial-		19–22	19–22
	Kellergeschoss, Erdge-	DIN 277 (1950)	wohnung	18–27	21–34	21–34
	schoss, vier bis fünf	**1958** in DM	Sozial-		66–76	66–76
	Obergeschosse, nicht	DIN 277 (1950)	wohnung	63–95	73–118	73–118
	ausgebautes Dachge-	**1980** in DM		180–210	210–260	260–310
	schoss, Zweispänner	DIN 277 (1950)				
	(zwei Wohneinheiten	**Normalher-**	freistehend,		365–390	390–480
	je Geschoss), durch-	**stellungs-**	einfach			
	schnittliche Wohnungs-	**kosten**	freistehend,		380–410	410–500
	größe ca. 50 qm pro	**1995** in DM	mittel			
	Wohneinheit	DIN 277 (1987)	freistehend,		415–445	445–545
			gehoben			

Lebensdauer: 60–80 Jahre,
im Allgemeinen 80 Jahre
Baunebenkosten: + 14 %
Korrekturfaktoren:
- bei Abweichungen von der Grundrissart
  Einspänner   1,05
  Dreispänner   0,97
  Vierspänner   0,95
- bei Abweichungen von der Wohnungsgröße
  ca. 35 qm pro Wohneinheit   1,10
  ca. 100 qm pro Wohneinheit   0,85

A	B	C	D	E	F	G
52	**Mehrfamilienhaus, Kopfhaus**	**1913** in M	Sozial-		19–22	19–22
	Kellergeschoss, Erdge-	DIN 277 (1950)	wohnung	18–27	21–34	21–34
	schoss, fünf Ober-	**1958** in DM	Sozial-		66–76	66–76
	geschosse, Flachdach,	DIN 277 (1950)	wohnung	63–95	73–118	73–118
	Zweispänner (zwei	**1980** in DM		180–210	210–260	260–310
	Wohneinheiten je	DIN 277 (1950)				
	Geschoss), durch-	**Normalher-**	Kopfhaus,		380–410	410–500
	schnittliche Wohnungs-	**stellungs-**	einfach			
	größe ca. 50 qm pro	**kosten**	Kopfhaus,		400–430	430–525
	Wohneinheit	**1995** in DM	mittel			
		DIN 277 (1987)	Kopfhaus,		430–465	465–570
			gehoben			

Lebensdauer: 60–80 Jahre,
im Allgemeinen 80 Jahre
Baunebenkosten: + 14 %
Korrekturfaktoren:
- bei Abweichungen von der Grundrissart
  Einspänner   1,05
  Dreispänner   0,97
  Vierspänner   0,95
- bei Abweichungen von der Wohnungsgröße
  ca. 35 qm pro Wohneinheit   1,10
  ca. 100 qm pro Wohneinheit   0,85

*Mehr-
familienhaus,
freistehend*

*Mehr-
familienhaus,
Kopfhaus*

Mehr-familienhaus, Mittelhaus

Mehr-familienhaus, freistehend

A	B	C	D	E	F	G
Nr.	**Gebäudetyp**	**Basisjahr**	**Güte**	**Raummeterpreise für Baujahre**		
				vor 1925	1925–1960	nach 1960
53	**Mehrfamilienhaus, Mittelhaus** Kellergeschoss, Erdge-schoss, fünf Ober-geschosse, Flachdach, Zweispänner (zwei Wohneinheiten je Geschoss), durch-schnittliche Wohnungs-größe ca. 50 qm pro Wohneinheit	**1913** in M DIN 277 (1950)	Sozial-wohnung	18–27	19–22 21–34	19–22 21–34
		1958 in DM DIN 277 (1950)	Sozial-wohnung	63–95	66–76 73–118	66–76 73–118
		1980 in DM DIN 277 (1950)		180–210	210–260	260–310
		Normalher-stellungs-kosten	Mittelhaus, einfach		375–405	405–495
			Mittelhaus, mittel		395–425	425–520
		1995 in DM DIN 277 (1987)	Mittelhaus, gehoben		425–460	460–560
		Lebensdauer:	60–80 Jahre, im Allgemeinen 80 Jahre			
		Baunebenkosten:	+ 14 %			
		Korrekturfaktoren:				
		■ bei Abweichungen von der Grundrissart				
		Einspänner	1,05			
		Dreispänner	0,97			
		Vierspänner	0,95			
		■ bei Abweichungen von der Wohnungsgröße				
		ca. 35 qm pro Wohneinheit	1,10			
		ca. 100 qm pro Wohneinheit	0,85			
54	**Mehrfamilienhaus, freistehend** Kellergeschoss, Erdge-schoss, fünf Ober-geschosse, Flachdach, Zweispänner (zwei Wohneinheiten je Geschoss), durch-schnittliche Wohnungs-größe ca. 50 qm pro Wohneinheit	**1913** in M DIN 277 (1950)	Sozial-wohnung	18–27	19–22 21–34	19–22 21–34
		1958 in DM DIN 277 (1950)	Sozial-wohnung	63–95	66–76 73–118	66–76 73–118
		1980 in DM DIN 277 (1950)		180–210	210–260	260–310
		Normalher-stellungs-kosten	freistehend, einfach		385–415	415–510
			freistehend, mittel		405–440	440–535
		1995 in DM DIN 277 (1987)	freistehend, gehoben		440–475	475–580
		Lebensdauer:	60–80 Jahre, im Allgemeinen 80 Jahre			
		Baunebenkosten:	+ 14 %			
		Korrekturfaktoren:				
		■ bei Abweichungen von der Grundrissart				
		Einspänner	1,05			
		Dreispänner	0,97			
		Vierspänner	0,95			
		■ bei Abweichungen von der Wohnungsgröße				
		ca. 35 qm pro Wohneinheit	1,10			
		ca. 100 qm pro Wohneinheit	0,85			

A	B	C	D	E	F	G
Nr.	Gebäudetyp	Basisjahr	Güte	Raummeterpreise für Baujahre		
				vor 1925	1925–1960	nach 1960
55	**Mehrfamilienhaus, Kopfhaus**	**1913** in M	Sozial-		19–22	19–22
	Kellergeschoss, Erdge-	DIN 277 (1950)	wohnung	18–27	28–38	28–38
	schoss, sieben bis	**1958** in DM	Sozial-		66–76	66–76
	zehn Obergeschosse,	DIN 277 (1950)	wohnung	63–95	97–132	97–132
	Flachdach, Zweispänner	**1980** in DM		260–310	260–310	310–365
	(zwei Wohneinheiten	DIN 277 (1950)				
	je Geschoss), durch-	**Normalher-**	Kopfhaus,		395–425	425–520
	schnittliche Wohnungs-	**stellungs-**	einfach			
	größe ca. 50 qm pro	**kosten**	Kopfhaus,		415–450	450–545
	Wohneinheit	**1995** in DM	mittel			
		DIN 277 (1987)	Kopfhaus,		450–485	485–590
			gehoben			

Lebensdauer: 60–80 Jahre,
im Allgemeinen 80 Jahre
Baunebenkosten: + 14 %
Korrekturfaktoren:
- bei Abweichungen von der Grundrissart
  Einspänner — 1,05
  Dreispänner — 0,97
  Vierspänner — 0,95
- bei Abweichungen von der Wohnungsgröße
  ca. 35 qm pro Wohneinheit — 1,10
  ca. 100 qm pro Wohneinheit — 0,85

A	B	C	D	E	F	G
56	**Mehrfamilienhaus, Mittelhaus**	**1913** in M	Sozial-		19–22	19–22
	Kellergeschoss, Erdge-	DIN 277 (1950)	wohnung	18–27	28–38	28–38
	schoss, sieben bis	**1958** in DM	Sozial-		66–76	66–76
	zehn Obergeschosse,	DIN 277 (1950)	wohnung	63–95	97–132	97–132
	Flachdach, Zweispänner	**1980** in DM		260–310	260–310	310–365
	(zwei Wohneinheiten	DIN 277 (1950)				
	je Geschoss), durch-	**Normalher-**	Mittelhaus,		390–420	420–515
	schnittliche Wohnungs-	**stellungs-**	einfach			
	größe ca. 50 qm pro	**kosten**	Mittelhaus,		410–445	445–540
	Wohneinheit	**1995** in DM	mittel			
		DIN 277 (1987)	Mittelhaus,		445–480	480–585
			gehoben			

Lebensdauer: 60–80 Jahre,
im Allgemeinen 80 Jahre
Baunebenkosten: + 14 %
Korrekturfaktoren:
- bei Abweichungen von der Grundrissart
  Einspänner — 1,05
  Dreispänner — 0,97
  Vierspänner — 0,95
- bei Abweichungen von der Wohnungsgröße
  ca. 35 qm pro Wohneinheit — 1,10
  ca. 100 qm pro Wohneinheit — 0,85

Mehr-
familienhaus,
Kopfhaus

Mehr-
familienhaus,
Mittelhaus

Mehr-
familienhaus,
freistehend

A	B	C	D	E	F	G
Nr.	**Gebäudetyp**	**Basisjahr**	**Güte**	**Raummeterpreise für Baujahre**		
				vor 1925	1925–1960	nach 1960
57	**Mehrfamilienhaus, freistehend** Kellergeschoss, Erdgeschoss, sieben bis zehn Obergeschosse, Flachdach, Zweispänner (zwei Wohneinheiten je Geschoss), durchschnittliche Wohnungsgröße ca. 50 qm pro Wohneinheit	**1913** in M DIN 277 (1950)	Sozial- wohnung	18–27	19–22 28–38	19–22 23–38
		1958 in DM DIN 277 (1950)	Sozial- wohnung	63–95	66–76 97–132	65–76 97–132
		1980 in DM DIN 277 (1950)		260–310	260–310	310–365
		Normalher-stellungs-kosten **1995** in DM DIN 277 (1987)	freistehend, einfach		400–435	435–530
			freistehend, mittel		425–455	455–555
			freistehend, gehoben		455–495	495–600

Lebensdauer: 60–80 Jahre,
im Allgemeinen 80 Jahre
Baunebenkosten: + 14 %
Korrekturfaktoren:
- bei Abweichungen von der Grundrissart
  Einspänner   1,05
  Dreispänner   0,97
  Vierspänner   0,95
- bei Abweichungen von der Wohnungsgröße
  ca. 35 qm pro Wohneinheit   1,10
  ca. 100 qm pro Wohneinheit   0,85

Personalwohn-
heim, Schwe-
sternwohnheim

A	B	C	D	E	F	G
58	**Personalwohnheim, Schwesternwohnheim** Zwei bis sechs Geschosse, unterkellert, Dach geneigt (nicht ausgebaut) oder Flachdach	**1913** in M DIN 277 (1950)		22–26	26–32	45–55
		1958 in DM DIN 277 (1950)			73–110	
		1980 in DM DIN 277 (1950)		290–340	340–420	595–720
		Normalher-stellungs-kosten **1995** in DM DIN 277 (1987)	einfach	425–445	445–490	490–600
			mittel	520–545	545–605	605–785
			gehoben	575–600	600–665	665–810

Lebensdauer: 40–80 Jahre,
Baunebenkosten: + 14 %

A	B	C	D	E	F	G
Nr.	Gebäudetyp	Basisjahr	Güte	Raummeterpreise für Baujahre		
				vor 1925	1925–1960	nach 1960
59	**Altenwohnheim**	**1913** in M DIN 277 (1950)			17–34	
	Zwei bis vier Ge-schosse, unterkellert, Dach geneigt (nicht ausgebaut) oder Flachdach	**1958** in DM DIN 277 (1950)			60–120	
		1980 in DM DIN 277 (1950)		180–235	235–285	285–340
		Normalher-stellungs-kosten	einfach	425–445	445–490	490–600
			mittel	500–520	520–580	580–705
			gehoben	555–575	575–640	640–780
		1995 in DM DIN 277 (1987)	stark ge-hoben	620–650	650–720	720–875
		Lebensdauer:	40–80 Jahre,			
		Baunebenkosten:	+ 15 %			
60	**Hotel**	**1913** in M DIN 277 (1950)			22–55	
	Zwei bis sechs Ge-schosse, unterkellert, Dach geneigt (nicht ausgebaut) oder Flachdach	**1958** in DM DIN 277 (1950)			80–170	
		1980 in DM DIN 277 (1950)		290–340	340–420	595–720
		Normalher-stellungs-kosten	einfach	385–405	405–445	445–545
			mittel	505–525	525–580	580–710
			gehoben	650–675	675–750	750–915
		1995 in DM DIN 277 (1987)	stark ge-hoben	800–835	835–925	925–1130
		Lebensdauer:	40–80 Jahre,			
		Baunebenkosten:	+ 18 %			
61	**Kindergarten, Kindertagesstätte**	**1913** in M DIN 277 (1950)			20–32	
	Eingeschossige Bauten, nicht unterkellert oder teilunterkellert, Dach flach geneigt (nicht aus-gebaut) oder Flachdach	**1958** in DM DIN 277 (1950)			70–110	
		Normalher-stellungs-kosten	einfach	-	440–475	475–580
			mittel	-	480–515	515–630
			gehoben	-	610–660	660–805
		1995 in DM DIN 277 (1987)				
		Lebensdauer:	50–70 Jahre			
		Baunebenkosten:	+ 14 %			

Alten-wohnheim

Hotel

Kindergarten, Kindertages-stätte

Schule

*Funktions-
gebäude für
Sportanlagen*

*Turnhalle,
Sporthalle*

A	B	C	D	E	F	G
Nr.	Gebäudetyp	Basisjahr	Güte	Raummeterpreise für Baujahre		
				vor 1925	1925–1960	nach 1960
62	**Schule**	**1913** in M DIN 277 (1950)			20–40	
	2- bis 3-geschossige Bauten, unterkellert, Dach geneigt (nicht ausgebaut) oder Flachdach	**1958** in DM DIN 277 (1950)			70–140	
		1980 in DM DIN 277 (1950)		220–250	250–275	260–390
		Normalher-stellungs-kosten 1995 in DM DIN 277 (1987)	einfach	380–395	395–440	440–535
			mittel	430–450	450–495	495–605
			gehoben	470–490	490–540	540–660
		Lebensdauer:	50–80 Jahre			
		Baunebenkosten:	+ 14 %			
63	**Funktionsgebäude für Sportanlagen**	**1913** in M DIN 277 (1950)		14–16	16–18	20–22
	1- bis 2-geschossige Bauten, nicht unterkellert, Dach geneigt (nicht ausgebaut) oder Flachdach	**1980** in DM DIN 277 (1950)		180–210	210–235	260–290
		Normalher-stellungs-kosten 1995 in DM DIN 277 (1987)	einfach	-	365–395	395–480
			mittel	-	465–500	500–610
			gehoben	-	640–690	690–840
		Lebensdauer:	40–60 Jahre			
		Baunebenkosten:	+ 14 %			
64	**Turnhalle, Sporthalle**	**1913** in M DIN 277 (1950)			12–23	
	1-geschossige Bauten, unterkellert, Dach flach geneigt oder Flachdach	**1958** in DM DIN 277 (1950)			40–80	
		1980 in DM DIN 277 (1950)		180–210	210–235	260–290
		Normalher-stellungs-kosten 1995 in DM DIN 277 (1987)	einfach	-	215–230	230–280
			mittel	-	255–275	275–335
			gehoben	-	275–295	295–360
		Lebensdauer:	50–70 Jahre			
		Baunebenkosten:	+ 15 %			

A	B	C	D	E	F	G
Nr.	**Gebäudetyp**	**Basisjahr**	**Güte**	**Raummeterpreise für Baujahre**		
				vor 1925	1925–1960	nach 1960
65	**Hallenbad**	**1913** in M DIN 277 (1950)		20–43		
	1-geschossige Bauten, teilunterkellert, Dach flach geneigt oder Flachdach	**1958** in DM DIN 277 (1950)		70–143		
		1980 in DM DIN 277 (1950)		310–365	390–440	440–495
		Normalher-stellungs-kosten	einfach	-	285–310	310–375
			mittel	-	375–405	405–495
			gehoben	-	415–445	445–545
		1995 in DM DIN 277 (1987)				
		Lebensdauer: 40–70 Jahre Baunebenkosten: + 16 %				
65a	**Private Schwimmhallen**	**1913** in M DIN 277 (1950)		25–30	32–35	30–46
	eingeschossige An-bauten an Einfamilien-häusern	**1980** in DM DIN 277 (1950)		350–420	450–490	490–500
		Lebensdauer: 40–70 Jahre Baunebenkosten: + 16 %				
66	**Kur- und Heilbad**	**1913** in M DIN 277 (1950)		20–43		
	1-geschossige Bauten, teilunterkellert, Dach flach geneigt oder Flachdach	**1958** in DM DIN 277 (1950)		70–143		
		Normalher-stellungs-kosten	einfach	-	-	-
			mittel	895–930	930–1035	1035–1260
		1995 in DM DIN 277 (1987)	gehoben	995–1035	1035–1150	1150–1400
		Lebensdauer: 60–80 Jahre Baunebenkosten: + 18 %				
67	**Tennishalle**	**1913** in M DIN 277 (1950)		Anhaltswert: 220–380 DM/qm Bruttogeschossfläche (Basisjahr 1978)		
	1-geschossige Bauten, nicht unterkellert, Dach geneigt oder Flachdach	**1958** in DM DIN 277 (1950)				
		Normalher-stellungs-kosten	einfach	-	130–140	140–170
			mittel	-	150–165	165–200
		1995 in DM DIN 277 (1987)	gehoben	-	-	200–230
		Lebensdauer: 30–50 Jahre Baunebenkosten: + 14 %				

Hallenbad

Private Schwimm-hallen

Kur- und Heilbad

Tennishalle

Reitsporthalle mit Stallung

Kirche

Gemeinde-zentrum, Bürgerhaus

A	B	C	D	E	F	G
Nr.	Gebäudetyp	Basisjahr	Güte	Raummeterpreise für Baujahre		
				vor 1925	1925–1960	nach 1960
68	**Reitsporthalle mit Stallung** 1-geschossige Bauten, nicht unterkellert, Dach flach geneigt	**1913** in M DIN 277 (1950) **1958** in DM DIN 277 (1950)		Anhaltswert: 120 DM/qm Brutto-geschossfläche (Basisjahr 1978)		
		Normalher-stellungs-kosten 1995 in DM DIN 277 (1987)	einfach	-	125–135	135–165
			mittel	-	145–155	155–190
			gehoben	-	-	200–235
		Lebensdauer:	30–50 Jahre			
		Baunebenkosten:	+ 12 %			
69	**Kirche** 1-geschossige Bauten, nicht unterkellert oder teilunterkellert, Dach geneigt oder Flachdach	**1913** in M DIN 277 (1950)		9–23		
		1958 in DM DIN 277 (1950)		30–80		
		1980 in DM DIN 277 (1950)		110–155	155–200	200–280
		Normalher-stellungs-kosten 1995 in DM DIN 277 (1987)	einfach	310–325	325–360	360–440
			mittel	425–445	445–490	490–600
			gehoben	-	-	560–680
		Lebensdauer:	60–80 Jahre			
		Baunebenkosten:	+ 16 %			
70	**Gemeindezentrum, Bürgerhaus** 1- bis 3-geschossige Bauten, unterkellert oder teilunterkellert, Dach geneigt oder Flachdach	**1913** in M DIN 277 (1950)		11–37		
		1958 in DM DIN 277 (1950)		40–160		
		Normalher-stellungs-kosten 1995 in DM DIN 277 (1987)	einfach	-	395–425	425–520
			mittel	-	435–465	465–570
			gehoben	-	500–535	535–655
		Lebensdauer:	40–80 Jahre			
		Baunebenkosten:	+ 16 %			

A	B	C	D	E	F	G
Nr.	Gebäudetyp	Basisjahr	Güte	Raummeterpreise für Baujahre		
				vor 1925	1925–1960	nach 1960
71	**Saalbau, Veranstaltungszentrum** 1- bis 3-geschossige Bauten, unterkellert oder teilunterkellert, Dach geneigt oder Flachdach	**1913** in M DIN 277 (1950)		10–12	16–20	20–24
		1958 in DM DIN 277 (1950)			30–80	
		1980 in DM DIN 277 (1950)		130–155	210–260	260–310
		Normalherstellungskosten 1995 in DM DIN 277 (1987)	einfach	-	405–435	435–530
			mittel	495–515	515–570	570–695
			gehoben	-	670–720	720–880
		Lebensdauer:	60–80 Jahre			
		Baunebenkosten:	+ 18 %			
72	**Vereins-, Jugendheim, Tagesstätte** 1- bis 2-geschossige Bauten, unterkellert oder teilunterkellert, Dach geneigt oder Flachdach	**1913** in M DIN 277 (1950)		16–17	18–19	19–20
		1958 in DM DIN 277 (1950)			50–80	
		1980 in DM DIN 277 (1950)		210–220	235–250	250–260
		Normalherstellungskosten 1995 in DM DIN 277 (1987)	einfach	-	380–410	410–500
			mittel	-	420–450	450–550
			gehoben	-	485–525	525–640
		Lebensdauer:	40–60 Jahre			
		Baunebenkosten:	+ 16 %			
73	**Einkaufsmarkt** 1-geschossige Bauten, nicht unterkellert, Dach geneigt oder Flachdach	**1913** in M DIN 277 (1950)		8–10	11–13	14–16
		1958 in DM DIN 277 (1950)			21–31	
		1980 in DM DIN 277 (1950)		90–110	120–145	180–210
		Normalherstellungskosten 1995 in DM DIN 277 (1987)	einfach	-	230–245	245–300
			mittel	-	305–330	330–400
			gehoben	-	-	395–455
		Lebensdauer:	30–50 Jahre			
		Baunebenkosten:	+ 14 %			

Saalbau, Veranstaltungszentrum

Vereins-, Jugendheim, Tagesstätte

Einkaufsmarkt

Gemischt genutztes Wohn- und Geschäftshaus

Kaufhaus, Warenhaus

Ausstellungsgebäude

A	B	C	D	E	F	G
Nr.	Gebäudetyp	Basisjahr	Güte	Raummeterpreise für Baujahre		
				vor 1925	1925–1960	nach 1960
74	**Gemischt genutztes Wohn- und Geschäftshaus** durchschnittlich 1/3 Gewerbefläche, 2/3 Wohnfläche, 3- bis 4-geschossige Bauten, unterkellert, Dach geneigt oder Flachdach	**1913** in M DIN 277 (1950)		16–20	22–26	28–34
		1958 in DM DIN 277 (1950)		63–125		
		1980 in DM DIN 277 (1950)		210–260	285–340	365–440
		Normalherstellungskosten 1995 in DM DIN 277 (1987)	einfach	335–350	350–390	390–475
			mittel	495–515	515–570	570–695
			gehoben	-	-	745–910
		Lebensdauer:	60–80 Jahre			
		Baunebenkosten:	+ 14 %			
75	**Kaufhaus, Warenhaus** 3- bis 6-geschossige Bauten, unterkellert, Dach geneigt oder Flachdach	**1913** in M DIN 277 (1950)		19–24	24–28	28–35
		1958 in DM DIN 277 (1950)		60–160		
		1980 in DM DIN 277 (1950)		250–310	310–365	365–455
		Normalherstellungskosten 1995 in DM DIN 277 (1987)	einfach	325–335	335–375	375–455
			mittel	380–395	395–440	440–535
			gehoben	505–525	525–580	580–710
		Lebensdauer:	40–60 Jahre			
		Baunebenkosten:	+ 15 %			
76	**Ausstellungsgebäude** 3- bis 4-geschossige Bauten, unterkellert oder teilunterkellert, Dach geneigt oder Flachdach	**1913** in M DIN 277 (1950)		17–46		
		1958 in DM DIN 277 (1950)		60–160		
		Normalherstellungskosten 1995 in DM DIN 277 (1987)	einfach	-	-	-
			mittel	-	485–525	525–640
			gehoben	-	-	700–805
		Lebensdauer:	30–60 Jahre			
		Baunebenkosten:	+ 14 %			

A	B	C	D	E	F	G
Nr.	**Gebäudetyp**	**Basisjahr**	**Güte**	**Raummeterpreise für Baujahre**		
				vor 1925	1925–1960	nach 1960
76a	**Ausstellungshalle, Markthalle, Messehalle** 1-geschossige Hallen ohne Zwischenwände und Zwischendecke	**1913** in M DIN 277 (1950)		10–12	12–15	15–18
		1980 in DM DIN 277 (1950)		130–160	160–200	200–230
77	**Verwaltungsgebäude** 1- bis 2-geschossige Bauten, nicht unterkellert, Dach geneigt oder Flachdach	**1913** in M DIN 277 (1950)		16–20	20–24	26–30
		1958 in DM DIN 277 (1950)			63–90	
		1980 in DM DIN 277 (1950)		210–260	260–310	340–390
		Normalherstellungskosten 1995 in DM DIN 277 (1987)	einfach	-	430–465	465–565
			mittel	-	500–540	540–660
			gehoben	-	615–665	665–810
		Lebensdauer:	50–80 Jahre			
		Baunebenkosten:	+ 14 %			
78	**Verwaltungsgebäude** 2- bis 5-geschossige Bauten, unterkellert, Dach geneigt oder Flachdach	**1913** in M DIN 277 (1950)			25–34	
		1958 in DM DIN 277 (1950)			90–125	
		1980 in DM DIN 277 (1950)		-	390–440	470–520
		Normalherstellungskosten 1995 in DM DIN 277 (1987)	einfach	-	-	550–670
			mittel	565–590	590–650	650–795
			gehoben	680–710	710–785	785–960
			stark gehoben	-	-	930–1135
		Lebensdauer:	50–80 Jahre			
		Baunebenkosten:	+ 15 %			
79	**Verwaltungsgebäude** 6- und mehrgeschossige Bauten, Flachdach	**1913** in M DIN 277 (1950)			37–56	
		1958 in DM DIN 277 (1950)			130–190	
		1980 in DM DIN 277 (1950)		-	390–440	470–520
		Normalherstellungskosten 1995 in DM DIN 277 (1987)	einfach	-	-	-
			mittel	-	775–835	835–1020
			gehoben	-	965–1040	1040–1270
			stark gehoben	-	-	1310–1505
		Lebensdauer:	50–80 Jahre			
		Baunebenkosten:	+ 17 %			

Ausstellungs-, Markt-, Messehalle

Verwaltungsgebäude

Verwaltungsgebäude

Verwaltungsgebäude

A	B	C	D	E	F	G
Nr.	Gebäudetyp	Basisjahr	Güte	Raummeterpreise für Baujahre		
				vor 1925	1925–1960	nach 1960

Parkhaus

80	**Parkhaus**	**1913** in M DIN 277 (1950)			12–26	
	mehrgeschossig, offene Ausführung (ohne Lüftungsanlage)	**1958** in DM DIN 277 (1950)			40–90	
		Normalherstellungskosten 1995 in DM DIN 277 (1987)	mittel	-	290–310	310–380
		Lebensdauer: 50 Jahre Baunebenkosten: + 10 %				

Parkhaus

81	**Parkhaus**	**1913** in M DIN 277 (1950)			20–26	
	mehrgeschossig, geschlossene Ausführung (mit Lüftungsanlage)	**1958** in DM DIN 277 (1950)			70–90	
		Normalherstellungskosten 1995 in DM DIN 277 (1987)	mittel	-	355–385	385–470
		Lebensdauer: 50 Jahre Baunebenkosten: + 11 %				

Tiefgarage, Kfz-Stellplatz

82	**Tiefgarage, Kfz-Stellplatz**	**1913** in M DIN 277 (1950)			20–26	
		1958 in DM DIN 277 (1950)			70–90	
		Normalherstellungskosten 1995 in DM DIN 277 (1987)	einfach	-	270–290	290–355
			mittel	-	355–380	380–465

Lebensdauer: 50 Jahre
Baunebenkosten: + 12%
Kfz-Einstellplatz im Wohnhaus:

Kleingaragen, freistehend	450–500 DM/qm
Kellergarage	850–900 DM/qm
Carport	250–300 DM/qm

Die Preise beziehen sich auf die Bruttogeschossfläche in qm.

A	B	C	D	E	F	G
Nr.	Gebäudetyp	Basisjahr	Güte	Raummeterpreise für Baujahre		
				vor 1925	1925–1960	nach 1960
83	**Industriegebäude, Werkstätte** ohne Büro- und Sozial-trakt	**1913** in M DIN 277 (1950)			6–9	
		1958 in DM DIN 277 (1950)			12–27	
		Normalher-stellungs-kosten 1995 in DM DIN 277 (1987)	einfach	-	160–175	175–210
			mittel	-	215–235	235–285
			gehoben	-	255–275	275–335
		Lebensdauer:	40–60 Jahre			
		Baunebenkosten:	+ 12 %			
84	**Industriegebäude, Werkstätte** mit Büro- und Sozial-trakt	**1913** in M DIN 277 (1950)			10–15	
		1958 in DM DIN 277 (1950)			35–55	
		Normalher-stellungs-kosten 1995 in DM DIN 277 (1987)	einfach	-	220–240	240–290
			mittel	-	290–310	310–380
			gehoben	-	330–355	355–435
		Lebensdauer:	40–60 Jahre			
		Baunebenkosten:	+ 14 %			
85	**Lagergebäude** Kaltlager	**1913** in M DIN 277 (1950)			4–7	
		1958 in DM DIN 277 (1950)			10–25	
		Normalher-stellungs-kosten 1995 in DM DIN 277 (1987)	einfach	-	115-125	125–155
			mittel	-	210–230	230–280
		Lebensdauer:	40–60 Jahre			
		Baunebenkosten:	+ 9 %			
86	**Lagergebäude** Warmlager	**1913** in M DIN 277 (1950)			6–9	
		1958 in DM DIN 277 (1950)			12–27	
		Normalher-stellungs-kosten 1995 in DM DIN 277 (1987)	einfach	-	150–160	160–195
			mittel	-	245–265	265–325
		Lebensdauer:	40–60 Jahre			
		Baunebenkosten:	+ 10 %			

Industrie-gebäude, Werkstätte

Industrie-gebäude, Werkstätte

Lagergebäude

Lagergebäude

Lagergebäude

Landwirtschaft-liches Betriebs-gebäude

Landwirtschaft-liches Betriebs-gebäude

A	B	C	D	E	F	G
Nr.	Gebäudetyp	Basisjahr	Güte	Raummeterpreise für Baujahre		
				vor 1925	1925–1960	nach 1960
87	**Lagergebäude** Warmlager mit Büro- und Sozialtrakt	**1913** in M DIN 277 (1950)			8–17	
		1958 in DM DIN 277 (1950)			35–65	
		1980 in DM DIN 277 (1950)				
		Normalher-stellungs-kosten 1995 in DM DIN 277 (1987)	einfach	-	230–245	245–300
			mittel	-	315–340	340–415
		Lebensdauer:	40–60 Jahre			
		Baunebenkosten:	+ 11 %			
88	**Landwirtschaft-liches Betriebs-gebäude** Bauernhöfe, Gesamt-anlage, 1- bis 2-ge-schossig, Dach geneigt	**1913** in M DIN 277 (1950)		11–18	14–21	18–23
		1958 in DM DIN 277 (1950)			50–85	
		1980 in DM DIN 277 (1950)		145–235	180–275	235–300
		Normalher-stellungs-kosten 1995 in DM DIN 277 (1987)	mittel	360–375	375–420	420–510
		Lebensdauer:	40–60 Jahre			
		Baunebenkosten:	+ 14 %			
89	**Landwirtschaft-liches Betriebs-gebäude** Stallgebäude, 1-ge-schossig, Dach geneigt	**1913** in M DIN 277 (1950)			7–18	
		1958 in DM DIN 277 (1950)			14–67	
		1980 in DM DIN 277 (1950)		100–110	110–125	125–155
		Normalher-stellungs-kosten 1995 in DM DIN 277 (1987)	mittel	110–115	115–130	130–160
		Lebensdauer:	40–60 Jahre			
		Baunebenkosten:	+ 12%			

A	B	C	D	E	F	G
Nr.	Gebäudetyp	Basisjahr	Güte	Raummeterpreise für Baujahre		
				vor 1925	1925–1960	nach 1960
90	Landwirtschaft-liches Betriebs-gebäude Scheune, 1-ge-schossig, Dach geneigt	**1913** in M DIN 277 (1950)		3–6	5–6	6–7
		1958 in DM DIN 277 (1950)		8–24		
		1980 in DM DIN 277 (1950)		70–85	70–85	85–100
		Normalher-stellungs-kosten 1995 in DM DIN 277 (1987)	einfach	70–80	80–90	90–110
		Lebensdauer:	40–60 Jahre			
		Baunebenkosten:	+ 10%			

Landwirtschaft-liches Betriebs-gebäude

11. Preisindex für Gebäude

Wohngebäude: Basisjahr 1995

Mit den Preisindizes der nachstehenden Tabelle können Sie den Neu-bauwert eines Wohngebäudes eines bestimmten Jahres in den Wert eines anderen Jahres umrechnen. Als Basisjahr wurde 1995 gewählt. Der Neubauwert eines in 1995 errichteten Gebäudes beträgt mithin 100 %. Die Preisindizes schließen die Umsatzsteuer ein. Das fol-gende Beispiel veranschaulicht, wie die Tabelle zu nutzen ist.

Beispiel:

In 1987 wurden für ein Einfamilienhaus 400.000 DM Herstel-lungskosten aufgewandt. Um den Neubauwert – also den Wert vor Abzug einer Wertminderung wegen Alters – im Jahr 1998 zu berechnen, wenden Sie folgende Formel an:

$$\text{Neubauwert 1998} = \frac{\text{Herstellungskosten (1987) x Baupreisindex 1998}}{\text{Baupreisindex 1987}}$$

$$\text{Neubauwert 1998} = \frac{400.000 \text{ DM x } 98,8}{71,0} = 556.620 \text{ DM}$$

Wohngebäude
Basisjahr 1995

Preisindizes für den Neubau von Wohngebäuden mit festem Basisjahr 1995

Lfd. Nr.	Jahr	Ins-ge-samt	Davon nach Abschnitten		Ein-familien-gebäude	Mehr-familien-gebäude	Gemischt genutzte Gebäude
			Rohbau-arbeiten	Ausbau-arbeiten			
1	1958	15,9	16,8	15,1	15,9	15,9	16,7
2	1959	16,8	17,9	15,7	16,6	16,7	17,5
3	1960	18,0	19,3	16,8	17,9	18,0	18,7
4	1961	19,3	20,7	18,1	19,2	19,3	19,9
5	1962	20,9	22,5	19,5	20,9	21,0	21,6
6	1963	22,0	23,8	20,4	21,9	22,1	22,7
7	1964	23,0	24,9	21,4	22,9	23,1	23,7
8	1965	24,1	25,7	22,4	23,9	23,9	24,7
9	1966	24,8	26,3	23,3	24,7	24,8	25,5
10	1967	24,3	25,7	22,9	24,2	24,3	24,8
11	1968	25,3	26,8	23,9	25,2	25,2	25,9
12	1969	26,8	28,6	25,0	26,6	26,7	27,5
13	1970	31,2	34,2	28,5	31,0	31,1	32,0
14	1971	34,4	37,5	31,6	34,2	34,4	35,2
15	1972	36,7	39,8	33,9	36,5	36,7	37,4
16	1973	39,4	42,3	36,8	39,2	39,4	40,1
17	1974	42,3	44,2	40,3	42,1	42,3	42,8
18	1975	43,3	44,5	41,8	43,1	43,3	43,8
19	1976	44,8	46,0	43,3	44,6	44,8	45,3
20	1977	46,9	48,2	45,4	47,0	46,9	47,5
21	1978	49,8	51,6	47,6	49,9	49,8	50,3
22	1979	54,2	57,0	50,8	54,4	54,1	54,6
23	1980	60,0	63,5	55,7	60,4	59,9	60,4
24	1981	63,5	66,8	59,4	63,9	63,4	63,9
25	1982	65,3	67,7	62,4	65,6	65,3	65,9
26	1983	66,7	68,6	64,3	66,8	66,7	67,3
27	1984	68,4	70,1	66,4	68,5	68,4	69,0
28	1985	68,7	69,8	67,4	68,8	68,7	69,3

noch: Preisindizes für den Neubau von Wohngebäuden mit festem Basisjahr 1995

Lfd. Nr.	Jahr	Ins- ge- samt	Davon nach Abschnitten		Ein- familien- gebäude	Mehr- familien- gebäude	Gemischt genutzte Gebäude
			Rohbau- arbeiten	Ausbau- arbeiten			
29	1986	69,6	70,6	68,5	69,7	69,7	70,3
30	1987	70,9	71,7	70,2	71,0	71,1	71,7
31	1988	72,4	73,0	72,1	72,5	72,6	73,2
32	1989	75,0	75,5	74,8	75,1	75,2	75,8
33	1990	79,9	81,0	78,8	80,0	80,0	80,6
34	1991	85,5	86,7	83,8	85,4	85,5	86,0
35	1992	91,0	92,0	89,4	90,9	91,0	91,3
36	1993	95,4	96,2	94,4	95,4	95,5	95,6
37	1994	97,7	98,1	97,2	97,8	97,8	97,8
38	1995	100,0	100,0	100,0	100,0	100,0	100,0
39	1996	99,8	99,0	100,7	99,9	99,7	99,9
40	1997	99,1	97,4	100,7	99,1	99,0	99,1
41	1998	98,7	96,2	101,1	98,8	98,6	98,8
42	1999	98,4	95,5	101,1	97,6	98,3	97,6

Preisindizes für den Neubau von Nichtwohngebäuden und sonstigen Bauwerken

Mit den folgenden Preisindizes können Sie ebenfalls den Neubau- wert zu verschiedenen Zeitpunkten berechnen. Die Preisindizes beziehen sich auf Nichtwohngebäude und sonstige Bauwerke. Sie schließen die Umsatzsteuer mit ein. Als Basisjahr wurde 1995 gewählt. Folglich entspricht der Neubauwert eines in 1995 errich- teten Nichtwohngebäudes 100 %.

Nichtwohn- gebäude: Basisjahr 1995

Bei der Indizierung können Sie dieselbe Formel wie bei der voran- gegangenen Tabelle anwenden. Es ist ebenfalls möglich, den maß- gebenden Preis pro Kubikmeter zu indizieren.

Preisindizes für Nichtwohngebäude und sonstige Bauwerke mit festem Basisjahr 1995

Lfd. Nr.	Jahr	Bürogebäude	Gewerbliche Betriebsgebäude
1	1958	16,5	17,3
2	1959	17,4	18,0
3	1960	18,6	19,2
4	1961	19,9	20,3
5	1962	21,4	21,9
6	1963	22,5	22,9
7	1964	23,4	23,8
8	1965	24,3	24,7
9	1966	25,1	25,4
10	1967	24,5	24,2
11	1968	25,5	25,4
12	1969	27,1	27,7
13	1970	31,7	32,7
14	1971	34,9	36,9
15	1972	37,1	38,1
16	1973	39,8	40,3
17	1974	42,5	42,7
18	1975	43,4	43,9
19	1976	44,8	45,7
20	1977	46,9	47,6
21	1978	49,6	50,1
22	1979	53,6	54,1
23	1980	59,1	59,7
24	1981	62,7	63,4
25	1982	65,0	65,9
26	1983	66,5	67,4
27	1984	68,4	69,0
28	1985	69,1	69,6
29	1986	70,3	71,0
30	1987	71,9	72,6

noch: Preisindizes für Nichtwohngebäude und sonstige Bauwerke mit festem Basisjahr 1995

Lfd. Nr.	Jahr	Bürogebäude	Gewerbliche Betriebsgebäude
31	1988	73,7	74,1
32	1989	76,4	76,7
33	1990	80,8	81,5
34	1991	86,0	86,6
35	1992	91,2	91,8
36	1993	95,5	95,8
37	1994	97,7	97,8
38	1995	100,0	100,0
39	1996	100,1	100,3
40	1997	99,6	99,8
41	1998	99,6	99,9
42	1999	98,9	99,0

Preisindizes für den Neubau von Wohngebäuden

Auch mit der nachstehenden Tabelle ist es möglich, den Neubauwert zu verschiedenen Zeitpunkten zu berechnen. Der besondere Vorteil dieser Tabelle liegt in den verschiedenen Basisjahren. Als Basisjahre wurden 1913, 1958, 1980 und 1995 gewählt.

Wohngebäude: Basisjahre 1913, 1958, 1980 und 1995

Bei Ihren Berechnungen sollten Sie immer versuchen, das Basisjahr auszuwählen, das dem Baujahr der zu bewertenden Immobilie am nächsten kommt. Grund: Die jeweiligen Basisjahre spiegeln die unterschiedliche Bautechnik der verschiedenen Jahre jeweils zeitnah wieder. Deshalb ist auch nicht ohne weiteres möglich, alle Indizes durch bloße Umrechnung miteinander auf mathematische Plausibilität zu prüfen.

Preisindizes für den Neubau von Wohngebäuden mit unterschiedlichen Basisjahren

Lfd. Nr.	Jahr	1913	1958	1980	1995
1	1913	100,0	28,8	7,6	4,5
2	1914	106,8	30,8	8,1	4,9
3	1915	119,7	34,5	9,2	5,5
4	1916	132,0	38,0	10,1	6,0
5	1917	163,9	47,3	12,5	7,5
6	1918	227,2	65,5	17,4	10,4
7	1919	373,5	107,6	28,5	17,1
8	1920	1.068,0	308,0	81,3	48,8
9	1921	1.803,0	520,0	138,0	82,9
10	1922	–	–	–	–
11	1923	–	–	–	–
12	1924	138,1	39,8	10,5	6,3
13	1925	170,1	49,0	13,0	7,8
14	1926	165,3	47,6	12,6	7,6
15	1927	167,3	48,2	12,8	7,7
16	1928	174,8	50,4	13,4	8,0
17	1929	177,6	51,2	13,6	8,2
18	1930	170,1	49,0	13,0	7,8
19	1931	155,8	44,9	11,9	7,1
20	1932	132,0	38,0	10,1	6,0
21	1933	125,2	36,1	9,6	5,8
22	1934	131,3	37,8	10,0	6,0
23	1935	131,3	37,8	10,0	6,0
24	1936	131,3	37,8	10,0	6,0
25	1937	134,0	38,6	10,2	6,1
26	1938	135,4	39,0	10,4	6,3
27	1939	137,4	39,6	10,5	6,3
28	1940	139,5	40,2	10,7	6,5
29	1941	146,3	42,2	11,2	6,7
30	1942	158,5	45,7	12,1	7,3
31	1943	161,9	46,7	12,4	7,4
32	1944	165,3	47,6	12,6	7,6
33	1945	170,7	49,2	13,1	7,8

noch: Preisindizes für den Neubau von Wohngebäuden mit unterschiedlichen Basisjahren

Wohngebäude,
Basisjahre
1913, 1958,
1980, 1995

Lfd. Nr.	Jahr	1913	1958	1980	1995
34	1946	182,3	52,5	14,0	8,4
35	1947	212,9	61,4	16,3	9,8
36	1948	281,0	81,0	21,5	12,9
37	1949	262,6	75,7	20,1	12,1
38	1950	150,3	72,2	19,1	11,5
39	1951	189,3	83,5	22,2	13,3
40	1952	308,8	89,0	23,6	14,2
41	1953	298,6	86,1	22,8	13,7
42	1954	300,0	86,5	22,9	13,7
43	1955	316,3	91,2	24,2	14,5
44	1956	324,5	93,5	24,8	14,9
45	1957	336,1	96,9	26,7	15,5
46	1958	346,9	100,0	26,5	15,9
47	1959	365,3	105,3	27,9	16,8
48	1960	392,5	113,1	30,0	18,0
49	1961	422,4	121,8	32,2	19,3
50	1962	457,1	131,8	34,9	20,9
51	1963	481,0	138,6	36,7	22,0
52	1964	503,4	145,1	38,4	23,0
53	1965	524,5	151,2	40,1	24,1
54	1966	541,2	156,1	41,3	24,8
55	1967	529,9	152,7	40,4	24,3
56	1968	552,4	159,2	42,2	25,3
57	1969	584,0	168,4	44,6	26,8
58	1970	680,3	196,1	52,0	31,2
59	1971	750,5	216,4	57,3	34,4
60	1972	801,2	230,9	61,2	36,7
61	1973	860,0	247,9	65,7	39,4
62	1974	922,6	165,9	70,5	42,3
63	1975	944,6	272,2	72,1	43,3
64	1976	977,1	281,7	74,6	44,8
65	1977	1.024,5	295,3	78,2	46,9
66	1978	1.087,8	313,6	83,1	49,8

5 Sachwertverfahren

noch: Preisindizes für den Neubau von Wohngebäuden mit unterschiedlichen Basisjahren

Lfd. Nr.	Jahr	1913	1958	1980	1995
67	1979	1.183,3	341,1	90,4	54,2
68	1980	1.309,7	377,6	100,0	60,0
69	1981	1.386,3	399,6	105,9	63,5
70	1982	1.429,3	411,1	108,9	56,3
71	1983	1.456,4	419,8	111,2	66,7
72	1984	1.492,4	430,2	114,0	68,4
73	1985	1.498,7	432,0	114,5	68,7
74	1986	1.519,3	437,9	116,0	69,6
75	1987	1.548,2	446,2	118,2	70,9
76	1988	1.581,1	455,7	120,7	72,4
77	1989	1.638,9	472,4	125,1	75,0
78	1990	1.744,5	502,8	133,2	79,9
79	1991	1.865,6	537,7	142,5	85,5
80	1992	1.985,0	572,1	151,6	91,0
81	1993	2.083,0	600,4	159,1	95,4
82	1994	2.132,9	614,7	162,9	97,7
83	1995	2.182,9	629,2	166,7	100,0
84	1996	2.179,1	628,1	166,4	99,8
85	1997	2.162,7	623,4	165,2	99,1
86	1998	2.155,1	621,1	164,6	98,7
87	1999	2.147,0	618,8	164,0	98,3

Preisindizes für Einfamiliengebäude in vorgefertigter und konventioneller Bauart

Die folgende Tabelle bezieht sich auf Einfamilienhäuser, die entweder in Fertigbauweise oder in konventioneller Bauweise errichtet worden sind. Auch diese Preisindizes beziehen die Umsatzsteuer ein. Als Basisjahr ist 1995 gewählt worden. Eine weitere Unterscheidung wird bei der Fertigbauweise möglich, weil Sie zwischen den Indizes mit und ohne Unterkellerung differenzieren können.

Preisindizes für Einfamiliengebäude

Einfamilien-häuser: Basisjahr 1995

Lfd. Nr.	Jahr	Vorgefertigte Bauweise		Konventionelle Bauweise
		Mit Keller	Ohne Keller	Bauleistungen am Bauwerk
1	1968	24,5	24,9	25,2
2	1969	25,2	25,5	26,6
3	1970	26,9	27,7	31,0
4	1971	29,2	30,5	34,2
5	1972	31,1	32,9	36,5
6	1973	32,6	34,8	39,2
7	1974	34,8	36,6	42,1
8	1975	37,2	38,3	43,1
9	1976	39,0	39,0	44,6
10	1977	40,9	41,1	47,0
11	1978	43,6	43,9	49,9
12	1979	46,9	47,5	54,4
13	1980	51,7	51,8	60,4
14	1981	56,0	56,4	63,9
15	1982	58,9	60,5	65,6
16	1983	61,8	63,6	66,8
17	1984	64,2	66,0	68,5
18	1985	64,6	66,2	68,8
19	1986	65,5	66,9	69,7
20	1987	67,2	68,1	71,0
21	1988	68,8	70,0	72,5
22	1989	70,8	71,7	75,1
23	1990	75,0	75,6	80,0
24	1991	79,5	79,5	85,4
25	1992	86,7	86,6	90,9
26	1993	93,6	93,8	95,4
27	1994	97,2	96,6	97,8
28	1995	100,0	100,0	100,0
29	1996	101,2	100,7	99,9
30	1997	101,3	101,2	99,1
31	1998	103,1	102,0	98,8
32	1999	103,1	102,0	97,6

Achtung: Die Entwicklung der Baukosten können Sie für die unterschiedlichen Basisjahre an den folgenden beiden Diagrammen nachvollziehen. Dabei fällt auf, dass die aktuellen Baukostenindizes leicht rückläufig sind.

Diagramm
Entwicklung
Bauindex

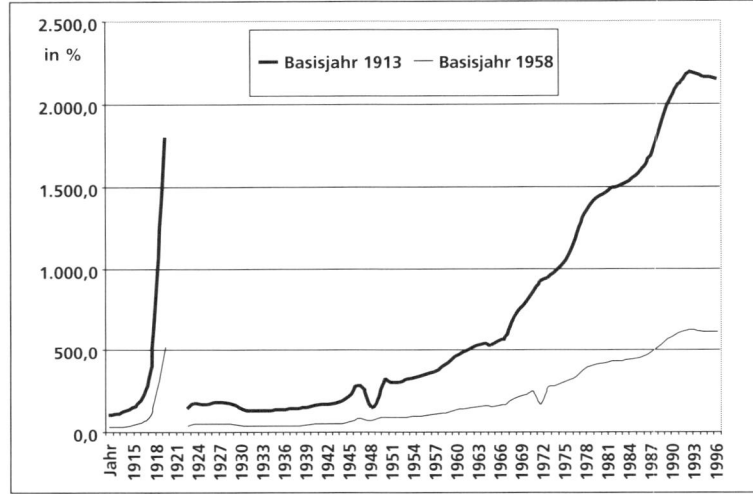

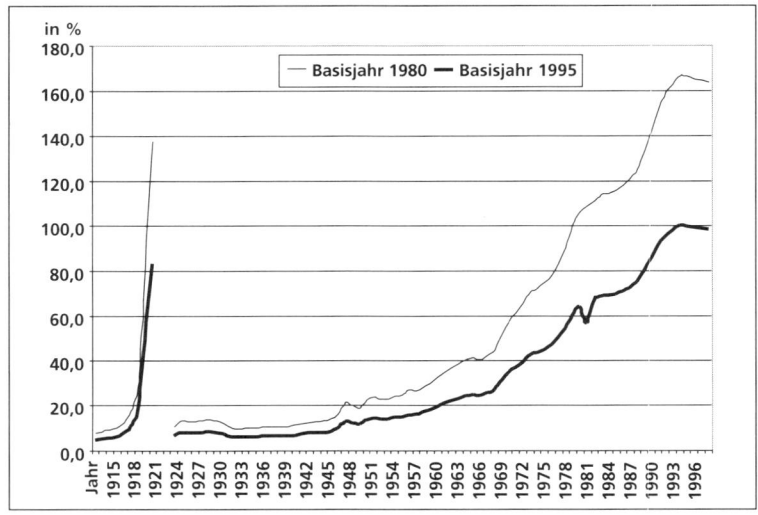

Für 1922 und 1923 sind wegen der sprunghaften Geldentwertung keine brauchbaren Indexzahlen vorhanden.

12. Baunebenkosten nicht vergessen

Baunebenkosten sind in den Raummeterpreisen grundsätzlich nicht enthalten. Deshalb werden in der Preistabelle zu den einzelnen Gebäudetypen die üblicherweise anfallenden Baunebenkosten als Zuschlag ausgewiesen.

Zuschlag für Baunebenkosten

Auch hierbei dürfen Sie den Zuschlag nicht immer rein schematisch anwenden. Denn der Zuschlag kann von der Bausumme abhängen. Orientieren Sie sich an den folgenden Zuschlägen:

Zuschläge

Baunebenkosten in % des Gebäudewerts (einschließlich Außenanlagen)		
Bausumme bis	**Zuschlag**	
	von	**bis**
30.000 DM	16 %	22 %
100.000 DM	14 %	20 %
300.000 DM	12 %	17 %
500.000 DM	11 %	16 %
1.000.000 DM	10 %	15 %
5.000.000 DM	8 %	11 %

Die angegebenen Zuschlagsspannen richten sich nach der Ausstattung des Gebäudes. Sofern das Gebäude weniger wertvoll ausgestattet ist, entscheiden Sie sich für einen im unteren Bereich liegenden Prozentsatz. Ist die Ausstattung des Gebäudes wertvoller, wenden Sie einen im oberen Bereich liegenden Prozentsatz an.

Achtung: Mit steigendem Herstellungswert der Gebäude fällt der Prozentanteil der Baunebenkosten an den Gesamtherstellungskosten.

Regel beachten!

Deshalb ist es kein Wunder, wenn bei Bauwerken mit Gesamtherstellungskosten unter 50.000 DM Baunebenkosten von mehr als 20 % anfallen. Bei hohen Gesamtherstellungskosten reicht folglich ein wesentlich niedrigerer Prozentsatz als Zuschlag für die Baunebenkosten aus.

Das gehört zu den Baunebenkosten

Diese Kosten sind mit dem Zuschlag für Baunebenkosten abgegolten:

- Agio
- Architektenhonorare
- Bauaufsicht
- Bauherrenhaftpflichtversicherung
- Baustatik
- Bauwesenversicherung
- Bearbeitungsgebühren
- Beleihungsprüfung
- Bereitstellungszinsen
- Gebäudeversicherung
- Gebühren für behördliche Abnahmen
- Gebühren für behördliche Genehmigungen
- Gerichtsgebühren
- Hausratversicherung
- Ingenieurhonorare
- Kosten der Bestandsaufnahme
- Kosten der in unmittelbarem Zusammenhang mit der Herstellung üblichen Finanzierung
- Kosten der Möbelzwischenlagerung
- Kosten der Zwischenfinanzierung
- Kosten für behördliche Prüfungen
- Kosten für die Baudurchführung
- Kosten für die Planung des Gebäudes
- Kosten für die Wertschätzung

- Notargebühren
- Umsetzungskosten
- Umzugskosten
- Versicherungen
- Verwaltungsleistungen des Bauherrn

Praxis-Tipp:

Die Baunebenkosten gehören stets zur Wertermittlung. Grund: Ein Bauherr muss bereits für Architektenhonorar und andere Ingenieurleistungen im Allgemeinen zwischen 10 und 11 % aufwenden.

Beispiel:

Sie interessieren sich für den Wert eines freistehenden und unterkellerten Einfamilienhauses mit einem umbauten Raum von 900 cbm. Das Dachgeschoss ist voll ausgebaut. Das Grundstück selbst ist 550 qm groß. Der Bodenrichtwert beträgt 300 DM pro qm. Das Einfamilienhaus wurde 1980 bezugsfertig. Sie interessieren sich für den Wert des Einfamilienhauses in 1999.

Rechnen Sie wie folgt:

Wert des Grund und Bodens

550 qm	x	300,00 DM/qm	⇨	165.000,00 DM

Wert des Gebäudes

	900 cbm		
x	390,00 DM/cbm (Kosten 1980)		
x	164,0 % Index des Jahres 1999	⇨	575.640,00 DM

Alterswertminderung

Baujahr	1980
Bewertungsjahr	1999
Alter	19 Jahre
Lebensdauer	100 Jahre

Alterswertminderung mithin		
19,00 % von 575.640,00 DM	−109.371,60 DM	
Gebäudewert	466.268,40 DM ⇨	466.268,40 DM
Zuschlag Baunebenkosten	14 %	65.277,58 DM
Zuschlag Außenanlagen	*pauschal*	50.000,00 DM
Summe		746.545,98 DM
Wert des Einfamilienhauses		**740.000,00 DM**

13. So leicht ermitteln Sie den umbauten Raum

Umbauten Raum berechnen

Bezugseinheit für die Raummeterpreise ist der umbaute Raum in Kubikmetern. Die Raummeterpreise sind also mit den Kubikmetern zu multiplizieren, die von dem Gebäude umschlossen werden. Es gilt folgende Formel:

Formel

> Breite des Gebäudes
> x
> Länge des Gebäudes
> x
> Höhe des Gebäudes (einschließlich Keller)

Dabei sind grundsätzlich jeweils die Außenmaße des Gebäudes maßgebend.

DIN 277 regelt umbauten Raum

Obwohl die Berechnung des umbauten Raums zunächst unproblematisch erscheint, sind hierzu in der Praxis Vorschriften entwickelt worden, die auch bei komplizierten Gebäuden zutreffende Berechnungsgrößen liefern. Einige dieser Vereinbarungen, wie der umbaute Raum zu berechnen ist, müssen Sie kennen.

Achtung: Es macht beispielsweise einen ganz gravierenden Unterschied, ob Sie ein nicht ausgebautes Dachgeschoss in vollem Umfang in die Berechnung des umbauten Raums einbeziehen oder ob Sie hierfür nur einen Bruchteil ansetzen müssen.

Sowohl die Preisindizes als auch die Raummeterpreise reichen bis in das Jahr 1913 zurück. Bei der Berechnung des umbauten Raums haben sich während dieser langen Zeitspanne unterschiedliche Berechnungsvorschriften und Begriffsdefinitionen entwickelt. In der Praxis rechnet man überwiegend mit der DIN 277 vom November 1950. Geänderte Berechnungsvorschriften enthält die DIN 277 vom Mai 1973. Eine erneute Änderung der DIN 277 hat sich im Juni 1987 ergeben.

DIN 277 (1950)
DIN 277 (1973)
DIN 277 (1987)

Wichtig: Es ist verständlich, dass Sie die jeweiligen Raummeterpreise mit der zutreffend berechneten Bezugseinheit in Verbindung bringen müssen. Sie können deshalb beispielsweise keinen Raummeterpreis, der sich auf die DIN 277 (1950) bezieht, mit der Berechnung des Rauminhalts nach der DIN 277 (1973) kombinieren. Sie würden zu völlig falschen Ergebnissen kommen.

Einheitliche
DIN-Fassung
bei Preis und
Kubikmeter
anwenden

Praxis-Tipp:

Achten Sie darauf, dass sie den jeweiligen Raummeterpreis nur mit dem Rauminhalt multiplizieren, dem dieselbe Fassung der DIN 277 zu Grunde liegt.

Berechnung des Architekten

Gehen Sie immer den einfachsten Weg und greifen Sie immer auf die sicherste Quelle zu: Die genaueste Berechnung des umbauten Raums erhalten Sie, wenn Sie die Unterlagen des Architekten einsehen können, der das Gebäude errichtet hat. Der Grundstückseigentümer verfügt in aller Regel über die Berechnungen des Architekten, aus dem sich der Rauminhalt und auch die Fassung der DIN 277 ergeben.

Architekten-
berechnung
vorziehen

Alter Gutachtertrick

Trick

Teilweise ist es problematisch, die Höhe eines Gebäudes zu bestimmen. Nutzen Sie dazu einen wirkungsvollen Gutachtertrick: Zählen Sie die übereinander liegenden Klinkersteine von der Erdoberfläche bis zur Dachspitze. Messen Sie anschließend aus, wie viele Klinkersteine in einen oder zwei Meter passen. Auf diese Weise können Sie per Dreisatz leicht die Gesamthöhe des Gebäudes bestimmen.

Beispiel: _____

Sie wollen ein altes Bauernhaus kaufen. Der Landwirt kann Ihnen keinerlei Zeichnungen oder Unterlagen zur Verfügung stellen. Dennoch wollen Sie sich nicht nur gefühlsmäßig auf einen Kaufpreis einigen, sondern den Sachwert der Gebäude berechnen. Die Breite und Länge haben Sie durch Abschreiten ermittelt. Ihnen fehlt die Höhe des Gebäudes.

Gehen Sie so vor: Zählen Sie die Klinkersteine von der Erdoberfläche bis zur Dachunterkante und bis zum Dachfirst. Fertigen Sie eine Handskizze.

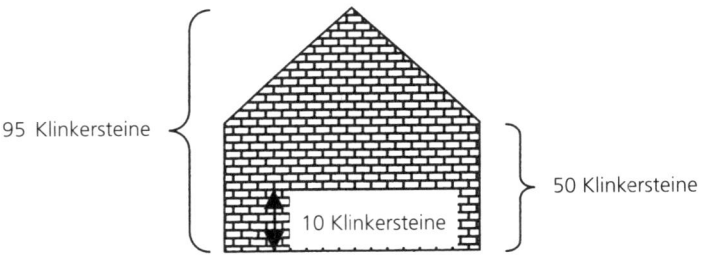

95 Klinkersteine

10 Klinkersteine

50 Klinkersteine

Wenn 10 Klinkersteine 1 m entsprechen, rechnen Sie wie folgt:

Höhe Erdoberfläche bis Dachunterkante: $\dfrac{50 \text{ Steine}}{10 \text{ Steine/m}} = 5 \text{ m}$

Höhe Erdoberfläche bis Dachfirst: $\dfrac{95 \text{ Steine}}{10 \text{ Steine/m}} = 9,5 \text{ m}$

Achtung: Wie Sie sich weitere Datenquellen erschließen, lesen Sie in dem entsprechenden Kapitel. Dort finden Sie Hinweise zur Datenbeschaffung aus den Bauakten und aus den Einheitswertsakten des Finanzamts (siehe Seite 213 ff.).

So jonglieren Sie sicher mit der DIN 277

Das Deutsche Institut für Normung e. V. hat die DIN 277 in der Fassung vom November 1950 im Mai 1973 angepasst, damit auch moderne und verschachtelte Gebäude genau berechnet werden können. Diese Neufassung wurde im Juni 1987 erneut geändert. Die in diesem Profi-Handbuch in der Tabelle der Raummeterpreise ausgewiesenen Zahlen korrespondieren mit der DIN 277 (November 1950). Die Normalherstellungskosten 1995 korrespondieren dagegen mit der Berechnung des umbauten Raums nach der DIN 277 (Juni 1987).

Sofern der Architekt die Berechnung des umbauten Raums in derselben Fassung durchgeführt hat, können Sie die Raummeterpreise uneingeschränkt anwenden. Sie brauchen keinerlei Umrechnungen vorzunehmen. Wendet der Architekt dagegen die DIN 277 in anderen Fassungen an, müssen Sie den umbauten Raum umrechnen. Hierbei ergeben sich im Allgemeinen keine besonderen Schwierigkeiten. Grund: Die Umrechnung erfolgt durch Abschläge, die auf allgemein anerkannten Erfahrungssätzen beruhen.

Abgleich mit der DIN-Fassung vornehmen

Wichtig: Die DIN 277 in den neueren Fassungen kommt regelmäßig zu einem größeren umbauten Raum.

Regel

Abschläge

Passen Sie die DIN 277 (1973 beziehungsweise 1987) durch folgende Abschläge an die DIN 277 (1950) an. Beachten Sie, dass die Höhe der Abschläge im Wesentlichen von den unterschiedlichen Bauformen abhängig ist.

Umbauter Raum nach DIN 277 (1973/1987)	Erforderlicher Abschlag zur Anpassung an die DIN 277 (1950)
Flachbau ohne Unterkellerung	ca. 7 v. H.
Flachbau mit Unterkellerung	ca. 5 v. H.
Bauten mit Satteldächern und nicht ausgebautem Dachgeschoss	ca. 27 v. H.
Bauten mit Satteldächern und ausgebautem Dachgeschoss	ca. 8 v. H.

So rechnen Sie bei der DIN 277 (1950)

Erfassen Sie den umbauten Raum		Beschreibung
Voll	Seitlich	Umbauter Raum, der umschlossen wird von den Außenflächen der Umfassungen.
Voll	Unten	Umbauter Raum, der umschlossen wird von den Oberflächen des untersten Geschosses (also ohne Fundamente) und bei nicht unterkellerten Gebäuden von der Oberfläche des Geländes, soweit das Gelände tiefer liegt als die Oberfläche des untersten Geschosses.
Voll	Oben	Umbauter Raum, der umschlossen wird von den Außenflächen der umschließenden Wände und Decken (bei nicht ausgebautem Dachgeschoss von der Oberfläche des Fußbodens über dem obersten Vollgeschoss).
Mit einem Drittel	Soweit es sich um ein nicht ausgebautes Dachgeschoss handelt.	Hinweis: Nach der neuen DIN 277 sind nicht ausgebaute Dachgeschosse voll anzurechnen. Deshalb ist insoweit bei der Anpassung des umbauten Raums in der Tabelle auch ein relativ hoher Abschlag von 27 v. H. vorgesehen.

14. Lebensdauer von Gebäuden

Naturgemäß ist der Wert von Gebäuden auch ganz entscheidend vom Alter und von der Gesamtlebensdauer abhängig. Ein 20 Jahre altes Gebäude kann wirtschaftlich fast wertlos sein, wenn die Lebensdauer aufgrund der Bauweise nur 30 Jahre beträgt. Dagegen ist ein Gebäude mit einer üblichen Lebensdauer von 100 Jahren noch relativ „jung", wenn es schon 20 Jahre alt ist.

Restnutzungs-
dauer bestimmt
den Wert

Praxis-Tipp:

In der Bewertungspraxis sinkt der Gebäudewert nur in Ausnahmefällen unter den so genannten „Restwert" von 30 %.

Restwert 30 %

Beispiel:

Der Restwert eines 80 Jahre alten Gebäudes mit einer Gesamtlebensdauer von 100 Jahren beträgt 30 %.

Sie brauchen also die Lebensdauer des Gebäudes, um die zutreffende Wertminderung wegen Alters zu bestimmen. Die Lebensdauer hängt entscheidend von der Bauweise ab. Sind massive Baustoffe verwandt worden, gehen Sie von einer längeren Lebensdauer aus, als bei einer Leichtbauweise.

Nutzen Sie folgende Formel für die Wertminderung:

$$\frac{\text{Alter im Wertermittlungszeitpunkt in Jahren}}{\text{Gesamte Lebensdauer in Jahren}} \times 100 = \text{Wertminderung des Gebäudes in \%}$$

Formel
Wertminderung

Allgemeine Faktoren begutachten

Begutachten Sie eine Immobilie immer nach den Gesamtumständen. Orientieren Sie sich deshalb an der nachstehenden Tabelle, damit Sie eine möglichst große Vielzahl von entscheidungserheblichen Faktoren einfließen lassen können. Nutzen Sie auch die Erfahrungssätze der nachstehenden Tabelle mit den Angaben zur Lebensdauer von typischen Bauarten.

> **Praxis-Tipp:**
>
> Orientieren Sie sich in Zweifelsfällen in erster Linie an der Lebensdauer, die in der Preistabelle zu den Gebäudetypen ausgewiesen ist (siehe Seite 144 ff.).

Gewerbliche Gebäude

Nutzung/Bauart	Gesamtnutzungs-dauer in Jahren
Gebäude für Industrie- oder Handwerksbetriebe, Lagergebäude, Kühlhäuser, Trockenhäuser, Schlachthäuser, Tankstellengebäude, Transformatorengebäude, Hallenbäder, Badehäuser und dergleichen	
Wellblechschuppen, Holzschuppen, Holzgebäude in Tafelbauart ohne massive Fundamente	20
Holzgebäude in Tafelbauart mit massiven Fundamenten	30
Massivschuppen, Stahlfachwerkgebäude mit Plattenverkleidung, Gebäude in leichter Bauart (ausgenommen Skelettbauten und Rahmenbauten), Gebäude aus Holzfertigteilen	40–50
Holzgebäude und Holzfachwerkgebäude mit Lehmausfachung oder mit Verschalung, Massivgebäude aus großformatigen Betonplatten in leichter Bauart (z. B. Porenbetonplatten)	50–60
Holzfachwerkgebäude mit Ziegelsteinausmauerung und Holzleimbauten	60–80
Massivgebäude und Gebäude in Stahl- oder Stahlbetonskelettkonstruktion (auch Gebäude aus Mauerwerk-, Stahl-, Stahlbeton- oder Betonfertigteilen)	80–100

Nutzung/Bauart	Gesamtnutzungs- dauer in Jahren
Wohngebäude, Verwaltungsgebäude, Hotelgebäude und alle nicht in die vorgenannte Rubrik gehörende Gebäude	
Wellblechschuppen, Holzschuppen, Holzge- bäude in Tafelbauart ohne massive Fundamente	20
Holzgebäude in Tafelbauart mit massiven Fundamenten	30
Massivschuppen, Stahlfachwerkgebäude mit Plattenverkleidung, Gebäude in leichter Bauart, Gebäude aus Holzfertigteilen	40–50
Holzgebäude und Holzfachwerkgebäude mit Lehmausfachung oder mit Verschalung, Massiv- gebäude aus großformatigen Betonplatten in leichter Bauart (z. B. Porenbetonplatten)	60–70
Holzfachwerkgebäude mit Ziegelsteinaus- mauerung und Holzleimbauten	70–90
Massivgebäude und Gebäude in Stahl- oder Stahlbetonskelettkonstruktion (auch Gebäude aus Mauerwerk-, Stahl-, Stahlbeton- oder Betonfertigteilen	80–100

Wohn-/Verwal- tungsgebäude

Baumängel und Bauschäden mindern den Wert

Neben der Wertminderung wegen Alters können auch Wertminde- rungen wegen Baumängel und Bauschäden zu berücksichtigen sein. Die Schadenermittlung ist eigenständige Problematik innerhalb der Bewertungsverfahren. Zwar gibt es bestimmte Erfahrungssätze. Den- noch kommen Sie ohne genauere baufachliche Kenntnisse und Erfah- rungen über die sehr vielfältigen Mängel und Schäden nicht weit.

Baumängel und Bauschäden mit Erfahrungs- sätzen

> **Praxis-Tipp:**
>
> Baumängel und Bauschäden können Sie auch pauschal in der Wertermittlung berücksichtigen. Nutzen Sie dazu diese Regel: Die Wertminderung ist so hoch wie die Kosten, die erforderlich sind, um die Mängel und Schäden zu beseitigen.

Baumängel und Bauschäden pauschal ansetzen

Definition:
Baumangel und
Bauschaden

Baumangel

Ein Baumangel beruht auf mangelhafter Bauausführung.

Bauschaden

Bauschaden ist ein schadhafter Zustand, der durch Einwirkungen auf das Objekt verursacht wurde. Ein Bauschaden kann sich aus einem Baumangel entwickelt haben. Deshalb darf nicht allein der Bauschaden begutachtet werden. Denn dauerhaft kann ein Bauschaden nur beseitigt werden, wenn auch die Schadensursache, also der Baumangel, beseitigt wird.

Sonstige wertbeeinflussende Umstände

Sonstige
Umstände
per Zu- und
Abschläge
berücksichtigen

Trotz gewissenhafter Ermittlung der Wertminderung wegen Alters sowie wegen etwaiger Baumängel und Bauschäden kann es immer noch Umstände geben, die nicht in die Wertermittlung eingegangen sind. Das können Sie im Allgemeinen nur noch über weitere Zu- oder Abschläge in den Griff bekommen.

Dabei sind die wertbeeinflussenden Umstände selbst, sowie das Ausmaß der Beeinflussung für die Höhe der Korrekturen entscheidend. Ergründen Sie die Höhe der im Einzelfall erforderlichen Zuschläge durch eigene Marktbeobachtungen. Korrekturen sind in den folgenden typischen Fällen geboten:

- Wirtschaftliche Überalterung
- Überdurchschnittlicher Erhaltungszustand.

15. Preise für Außenanlagen

Außenanlagen
mit pauschalem
Zuschlag
erfassen

Sie haben zwei Möglichkeiten, Außenanlagen zu erfassen. Entweder erhöhen Sie den Grundstückswert um einen pauschalen Zuschlag oder Sie berechnen die baulichen Außenanlagen im Einzelnen. In der Praxis wird ganz überwiegend mit pauschalen Sätzen gearbeitet.

Der Grund ist einleuchtend: Im Grundstücksverkehr wird kaum etwas konkret für einzelne Außenanlagen vergütet. Es macht praktisch keinen Unterschied, ob die Außenanlagen in einwandfreiem Zustand oder schon etwas älter sind. Befinden sich die Außenanlagen dagegen in einem desolaten Zustand, wird ein Erwerber der Immobilie die Abrisskosten einkalkulieren. Das würde zu einem Abschlag führen.

Außenanlagen desolat?

Wenn Sie die baulichen Außenanlagen im Einzelnen erfassen wollen, können Sie Durchschnittswerte zu Grunde legen, um den Normalherstellungswert zu berechnen.

Nutzen Sie hierfür die nachstehenden Preise für häufig vorkommende Außenanlagen. Die ausgewiesenen Preise geben die Kosten an, die durchschnittlich erforderlich sind, um die Außenanlagen herzustellen. Die Preise beziehen sich auf das Basisjahr 1913. Die Umrechnung auf den aktuellen Zeitwert erfolgt mit dem allgemeinen Baukostenindex:

- **Preise (1913) für Umzäunungen**

Holzzäune	3,00 M	bis	5,50 M
Stahl-/Betonpfeiler mit Drahtgeflecht	3,50 M	bis	7,00 M
Grenzmauern	11,00 M	bis	50,00 M

  Die Preise hängen von der Höhe der Umzäunung ab und beziehen sich auf eine Höhe zwischen 1 m und 2,5 m.

Häufige Außenanlagen Basisjahr 1913

- **Preise (1913) für Platzbefestigungen**

Teerbelag auf Schotter	5,00 M	bis	7,00 M
Beton	5,00 M	bis	7,00 M
Pflaster auf Beton/Kies	6,00 M	bis	8,00 M

Umrechnung der ursprünglichen Herstellungskosten

Der Wert der Außenanlagen kann auch durch eine Umrechnung der ursprünglich für die Außenanlagen aufgewendeten Herstellungskosten erfolgen.

Die Umrechnung der tatsächlichen Herstellungskosten auf das Jahr der Wertermittlung erfolgt nach folgender Formel:

$$\frac{\text{ursprüngliche Herstellungskosten}}{\text{Index des Herstellungsjahres}} \quad x \quad \frac{\text{Index des Jahres}}{\text{der Wertermittlung}}$$

Wertminderung wegen Alters

Wie bei den Gebäuden mindern Sie auch bei baulichen Außenanlagen den Wert wegen Alters. Die Höhe dieser Wertminderung hängt bei den Außenanlagen ebenfalls vom Verhältnis des Alters im Bewertungszeitpunkt zur Gesamtnutzungsdauer ab.

Formel für die Wertminderung

$$\frac{\text{Alter im Wertermittlungs-zeitpunkt in Jahren}}{\text{Gesamte Lebensdauer in Jahren}} \quad x \; 100 = \frac{\text{Wertminderung der}}{\text{Außenanlage in \%}}$$

Auch bei alten Außenanlagen ist im Allgemeinen noch ein Restwert anzusetzen. Wie bei Gebäuden setzen Sie mindestens 30 % als Restwert an. Die Wertminderung wegen Alters beträgt demzufolge höchstens 70 %.

Völliger Wertverzehr bei Außenanlagen denkbar

Wichtig: Der Restwert von 30 % kann bei Außenanlagen manchmal deutlich zu hoch sein. Im Allgemeinen vernachlässigt beim Gebäude kein Eigentümer die Bausubstanz so sehr, dass weniger als 30 % angesetzt werden müsste. Bei Außenanlagen kann dies durchaus anders sein. Hier ist sogar ein völliger Wertverzehr denkbar, so dass kein Restwert anzusetzen ist.

Beispiel:

In 1980 sind für eine 30 m lange Grenzmauer 10.000 DM aufgewendet worden.

Die Umrechnung der tatsächlichen Herstellungskosten des Jahres 1980 in die Herstellungskosten des Jahres 1999 erfolgt mit der allgemeinen Formel:

$$\frac{\text{ursprüngliche Herstellungskosten}}{\text{Index des Herstellungsjahres}} \quad \text{x} \quad \frac{\text{Index des Jahres}}{\text{Wertermittlung}}$$

Für die Grenzmauer bedeutet dies:

$$\frac{10.000 \text{ DM}}{1.309,7} \quad \text{x} \quad 2.147,0 \quad = \qquad\qquad 16.393 \text{ DM}$$

abzüglich Wertminderung wegen Alters für	**19 Jahre**	
bei einer Lebensdauer von	50 Jahren	
Wertminderung folglich	38 %	−6.229 DM
Wert der Grenzmauer in 1999		**10.164 DM**

Praxis-Tipp:

Kontrollieren Sie die Außenanlagen bei einer Ortsbesichtigung und überlegen Sie, was die Außenanlagen noch wert sind. Ist ein vollständiger Wertverzehr eingetreten, verzichten Sie auf den Restwert.

Außenanlagen in Augenschein nehmen

Lebensdauer für Außenanlagen

Häufig zu erfassende bauliche Außenanlagen finden Sie in der nachstehenden Übersicht über die übliche Gesamtnutzungsdauer:

Lebensdauer für Außenanlagen

- Umzäunungen
  Holzzäune   10–30 Jahre
  Stahl-/Betonpfeiler mit Drahtgeflecht   30–40 Jahre
  Grenzmauern (abhängig von der Stärke)   30–60 Jahre

- Platzbefestigungen
  Teerbelag auf Schotter   20–40 Jahre
  Beton   30–50 Jahre
  Pflaster auf Beton oder Kies   40–70 Jahre

Pauschale Wertermittlung

Wenn Sie auf eine Einzelbewertung aller Außenanlagen verzichten wollen, brauchen Sie Anhaltspunkte für entsprechende pauschale Zuschläge. Diese Anhaltspunkte sind durchaus realistisch. Schließlich sind nahezu bei jedem Einfamilienhaus oder Zweifamilienhaus auch Zufahrten, Stellplätze, Einfriedungen und Gartenanlagen vorhanden. Die Relation dieser Kosten zu den gesamten Herstellungskosten des Gebäudes bleibt daher bei den einzelnen Grundstücken annähernd gleich. Kalkulieren Sie mit diesen pauschalen Zuschlägen:

Pauschale
Zuschläge

Gebäudetyp	Zuschlag zum Gebäudewert
Normale Ein- und Zweifamilienhäuser	1–2 %
Ein- und Zweifamilienhäuser mit größeren befahrbaren Weg- oder Platzbefestigungen	bis zu 5 %
Ein- und Zweifamilienhäuser mit parkähnlichen Grünanlagen, größeren Zierteichen oder anderen aufwendigen Außenanlagen	bis zu 5 %

16. Sonstige Anlagen

„Sonstige
Anlagen" selten

„Sonstige Anlagen" sind in Gutachten äußerst selten erfasst. Verständlich. Denn hierbei handelt es sich um außergewöhnliche Anlagen, die weder im Bodenwert noch im Wert der baulichen Anlagen enthalten sind.

Ein Beispiel für eine derartige sonstige Anlage wäre eine parkähnliche Gartenanlage mit außergewöhnlicher oder wertvoller Bepflanzung, die weit über das übliche und normale Maß einer gestalterischen Grünanlage hinausgeht.

17. Beispielhafte Berechnungsmethode

Sie wollen ein in 1980 errichtetes Einfamilienhaus in massiver Bauweise bewerten. Das Gebäude verfügt über 900 Kubikmeter, hat eine Lebensdauer von 100 Jahren und steht auf einem 675 qm großen Grundstück. Der Bodenrichtwert beträgt 280 DM/qm im Jahr 1999. Sie wollen den Wert der Immobilie im Jahr 1999 berechnen.

Wert des Grund und Bodens

675 qm x 280,00 DM/qm	⇨	189.000,00 DM

Wert des Gebäudes

	900 cbm		
x	420,00 DM/cbm (Kosten 1980)		
x	164,0 % Index des Jahres 1999	⇨	619.920,00 DM

Alterswertminderung

Baujahr	1980		
Bewertungsjahr	1999		
Alter	19 Jahre		
Lebensdauer	100 Jahre		
Alterswertminderung mithin			
19,00 % von 619.920,00 DM ⇨	−117.784,80 DM		
Gebäudewert	502.135,20 DM	⇨	502.135,20 DM
Zwischenwert			691.135,20 DM
Baunebenkosten, pauschal 12 %			60.256,22 DM

Zuschlag für Außenanlagen

2 % Zuschlag		10.042,70 DM

Sachwert	761.434,12 DM
Keine Wertkorrekturen erforderlich	

Verkehrswert des Grundstücks, gerundet

760.000,00 DM

Die besten Profi-Tricks

6

Profi-Tricks

1. Baukosten-Hochrechnung

Baukosten-Hochrechnung zeitsparende Methode

Clever und zeitsparend ist es, die Baukosten-Hochrechnung als Bewertungsmethode anzuwenden. Diese Methode hat den Vorteil, dass Sie den Preis pro Kubikmeter nicht mühsam zu schätzen brauchen. Gehen sie vielmehr von den tatsächlichen Herstellungskosten des Gebäudes aus und rechnen Sie diese Kosten in den Wert um, den Sie zum aktuellen Bewertungszeitpunkt suchen.

Wertminderung wegen Alters berücksichtigen

Bei dieser Methode brauchen Sie lediglich die richtigen Baupreisindizes, mit denen Sie die ursprünglichen Herstellungskosten umrechnen. Dabei dürfen Sie nicht vernachlässigen, dass seit dem Zeitpunkt der Fertigstellung des Gebäudes eine Wertminderung wegen Alters eingetreten ist. Sie müssen deshalb diese Wertminderung entsprechend der Restnutzungsdauer des Gebäudes von den umgerechneten Herstellungskosten abziehen.

Ursprüngliche Herstellungskosten suchen

Praxis-Tipp:

Mit der Baukosten-Hochrechnung sind Sie selbstverständlich nur dann erfolgreich, wenn Sie die ursprünglichen Herstellungskosten kennen. Nutzen Sie dazu alle Wege der Datenbeschaffung. Dazu gehören insbesondere das Gespräch mit dem Eigentümer der Immobilie und der Versuch, aus der Einheitswertakte des Finanzamts die gesuchten ursprünglichen Herstellungskosten zu erfahren. Allerdings werden diese Kosten nicht immer in der Einheitswertakte enthalten sein.

Um die Baukosten hochzurechnen, wenden Sie folgende allgemeine Formel an:

$$\text{Indizierte Baukosten} = \left[\text{tatsächliche Baukosten} \times \frac{\text{Index aktuelles Jahr}}{\text{Index Baujahr}} \right]$$

Die Baukosten-Hochrechnung – auch unter dem Begriff „Baukosten-Indizierung" bekannt – eignet sich insbesondere bei solchen Grundstücksarten, die normalerweise im Sachwertverfahren bewertet werden und deren Wert in erster Linie von der Sache her bestimmt wird. Bei Grundstücken, die normalerweise im Ertragswertverfahren berechnet werden, birgt die bloße Baukosten-Indizierung erfahrungsgemäß gewisse Unsicherheiten. Allerdings können Sie auch in diesen Fällen mit der Indizierung den rechnerischen Sachwert der Immobilie bestimmen.

Wenden Sie deshalb die Baukosten-Indizierung insbesondere in den folgenden Fällen an:

- Einfamilienhäuser
- Zweifamilienhäuser
- Alle anderen Grundstücke, bei denen die Eigennutzung im Vordergrund steht

Gute Ergebnisse liefert die Baukosten-Indizierung aber auch bei den folgenden Grundstücksarten:

- Ausstellungs- und Messehallen
- Autobahnraststätten
- Badeanstalten
- Bahngrundstücke
- Bootshäuser
- Grundstücke für Bank- und Kreditinstitute
- Hafengrundstücke
- Hallenbäder
- Jagdhütten
- Kliniken
- Krankenhäuser
- Kühlhäuser
- Lagerhausgrundstücke

Baukosten-Indizierung

- Lichtspielhäuser
- Markthallen
- Molkereigrundstücke
- Mühlengrundstücke
- Sanatorien
- Schlachthäuser
- Schulen
- Schützenhallen
- Theatergrundstücke
- Trockenhäuser
- Turnhallen
- Versicherungsgebäude
- Verwaltungsgebäude
- Warenhausgrundstücke
- Werkstätten

Beispiel:

Ihr Vater hat in 1966 ein Einfamilienhaus errichtet. Das Einfamilienhaus steht auf einem 600 qm großen Grundstück. Der Bodenrichtwert in 1999 beträgt 200 DM/qm. Die Herstellungskosten des Gebäudes haben nach den Aufzeichnungen Ihres Vaters 150.000 DM betragen. Es handelt sich um ein massives Gebäude.

Ihr Vater möchte Ihnen das Grundstück im Wege der vorweggenommenen Erbfolge übertragen, wobei Sie Ausgleichszahlungen an Ihre Geschwister übernehmen sollen. Sie wollen vorab kalkulieren, welchen Wert das Gebäude in 1999 hat, damit die Ausgleichszahlungen angemessen ausfallen.

So ermitteln Sie den Verkehrswert durch die Baukosten-Hochrechnung:

Wert des Grund und Bodens
Bodenrichtwert des Grundstücks im Jahr 1999   200 DM/qm
Fläche des Grundstücks in Quadratmetern   600 qm

Wert des Grund und Bodens
Fläche x Bodenrichtwert   120.000 DM

Wert des Gebäudes
Tatsächliche Baukosten in 1966   150.000
Baukostenindex für das Jahr 1966   541,2
Baukostenindex für das Jahr 1999   2.147,0

Indizierte Baukosten

$$= \left[\text{tatsächliche Baukosten} \times \frac{\text{Index aktuelles Jahr}}{\text{Index Baujahr}} \right]$$

$$= \left[150.000 \text{ DM} \times \frac{2.147,0}{541,2} \right]$$

$$= \quad 595.066 \text{ DM}$$

Wertminderung wegen Alters
Lebensdauer 100 Jahre (Massivbau)
Alter des Gebäudes 33 Jahre
33 % x 595.066 DM =   196.372 DM

Gebäudewert in 1999	398.694 DM	398.694 DM
Wert des Einfamilienhauses insgesamt		518.694 DM
aufgerundet		**520.000 DM**

2. Erfolgreich Daten beschaffen

Zur professionellen Datenbeschaffung müssen Sie zielstrebig vorgehen. Für Laien gibt es bei der Datenbeschaffung die größten Probleme. Dabei ist es in den meisten Fällen wesentlich einfacher, die erforderlichen Rechengrößen zu erhalten, als man vermutet. Ein Patentrezept gibt es allerdings nicht. Unterschiedliche Wege sind möglich. Prüfen Sie, wie Sie am schnellsten zum Ziel kommen.

Datenquellen erschließen

Sprechen Sie mit dem Eigentümer der Immobilie

Der Verkäufer kennt die Daten

Wenn Sie ein Grundstück kaufen wollen, sollten Sie den Verkäufer offen fragen, ob er die ursprünglichen Herstellungskosten des Gebäudes kennt. Erklären Sie dem Verkäufer unbedingt, wozu Sie diese Kosten brauchen. Ein einsichtiger Verkäufer wird verstehen, wenn Sie die Immobilie rechnerisch unter die Lupe nehmen wollen.

Sofern der Verkäufer die ursprünglichen Herstellungskosten oder andere wichtige Größen der Immobilie nicht kennt, kann er Ihnen dennoch behilflich sein. Schließlich ist er Eigentümer der Immobilie und kann Behörden, die seine Immobilienakte verwalten, um entsprechende Auskünfte bitten.

Einsicht in die Bauakte

Kosten mit Vorsicht genießen

Die wichtigsten und meisten Daten über Immobilien werden beim Bauamt gesammelt. Das Bauamt führt grundstücksbezogene Akten, aus denen sich neben reinen Berechnungsdaten häufig auch Kosten ergeben. Allerdings sind diese Kosten mit Vorsicht zu genießen, weil der Architekt die voraussichtlich entstehenden Herstellungskosten in ungefähr geschätzter Höhe angibt. Ob diese Herstellungskosten letztlich tatsächlich den Kosten entsprechen, die wirklich aufgewendet werden mussten, um das Grundstück zu bauen, ist eine andere Frage.

Bauakte hilfreich

In Einzelfällen kann es vorkommen, dass Sie keine Originalberechnungen des Architekten für die Immobilie ausfindig machen können. Fragen Sie in diesen Fällen einfach beim Bauamt nach, ob Sie die Bauakte einsehen dürfen. Nennen Sie gegenüber dem Bauamt den Grund Ihres Anliegens. Auf jeden Fall brauchen Sie eine schriftliche Zustimmung des Grundstückseigentümers.

Praxis-Tipp:

Sofern Ihnen das Bauamt – mit Zustimmung des Grundstückseigentümers – Einsicht in die Bauakte gewährt, finden Sie dort weitere wertvolle Hinweise, die möglicherweise unmittelbaren Einfluss auf den Wert der Immobilie haben.

Legen Sie deshalb bei der Bauakte in erster Linie auf objektive Daten und physikalische Größen wert, die die Immobilie betreffen. Entnehmen Sie der Bauakte insbesondere den umbauten Raum der baulichen Anlage und notieren Sie sich, nach welcher DIN-Fassung dieser umbaute Raum berechnet worden ist.

Physikalische Größen

Wenn Sie Einsicht in die Bauakte erhalten, sollten Sie sich auf jeden Fall folgende Daten notieren:

- Wohnflächenberechnung
- Berechnung des umbauten Raums
- Bauzeichnungen
- Herstellungskosten des Gebäudes
- Baujahr
- Bauweise
- Bauausführung

Achtung: In der Bauakte können Sie beispielsweise auf Baumängel stoßen, die bereits in früheren Jahren aufgetreten sind. Sehr häufig finden Sie in den Bauakten noch alte Zeichnungen, die Aufschluss über technische Details und den ursprünglichen Zustand des Grundstücks ermöglichen. Damit erleichtern Sie sich Ihre eigene Berechnung des umbauten Raums wesentlich.

Alte Mängel erkennen Sie teilweise aus der Bauakte

Einsicht in die Einheitswertakte

Erschließen Sie sich eine weitere Quelle für Ihr Datenmaterial. Das Finanzamt führt in der Bewertungsstelle ebenfalls eine immobilienbezogene Akte, in der Daten für einzelne Grundstücke enthalten sind. Diese Akte enthält häufig auch Angaben zu den ursprünglichen Herstellungskosten. Jedoch ist das nicht zwingend. Handelt es sich um Gebäude, die vor 1964 errichtet worden sind, können Sie Glück haben. Allerdings ist dies in den einzelnen Finanzämtern recht unterschiedlich, weil zum Teil bereits altes Datenmaterial ausgesondert worden ist.

Einheitswertakte des Finanzamts

Einheitswert-
akte kann
helfen

In der Einheitswertakte können Sie – nur mit schriftlicher Zustimmung des Grundstückseigentümers – fündig werden und – mit etwas Glück – Vermerke hinsichtlich des umbauten Raums finden.

Dazu ist jedoch erforderlich, dass in der Bewertungsakte auch noch sehr alte Unterlagen aufbewahrt werden. Denn seit 1964 ist der umbaute Raum im Regelfall für die Einheitsbewertung nicht mehr von Bedeutung. Der umbaute Raum muss deshalb seit diesem Zeitpunkt grundsätzlich nicht mehr in der Akte enthalten sein. Fragen Sie deshalb gezielt nach, ob in den alten Unterlagen entsprechende Vermerke enthalten sind.

Herstellungs-
kosten relativ
realistisch

Praxis-Tipp:

Gehen Sie davon aus, dass die in der Einheitswertakte angegebenen Herstellungskosten normalerweise relativ realistisch sind. Jedenfalls werden Sie dort nur in den seltensten Fällen überhöhte Herstellungskosten finden. Grund: Kein Grundstückseigentümer wird in seiner Erklärung gegenüber dem Finanzamt ein Interesse haben, dem Finanzamt einen höheren Wert vorzuspiegeln, als dies tatsächlich der Fall ist. Denn von einem hohen Wert hängt eine hohe Grundsteuer ab.

Im Einzelfall kann die Einheitswertakte eine regelrechte Fundgrube sein. Manchmal finden Sie dort bei sehr alten Immobilien sogar noch Bauzeichnungen, die Sie selbst in der Bauakte der Bauverwaltung nicht erhalten konnten. Nutzen Sie die Bauzeichnungen, um den umbauten Raum selbst zu berechnen.

Belegenheits-
Finanzamt

Praxis-Tipp:

Sie finden die Einheitswertakte in der Bewertungsstelle des Finanzamts, in dessen Bereich sich die Immobilie befindet. Unerheblich ist also, wo der Eigentümer wohnt. Allein entscheidend ist die Belegenheit der Immobilie.

Sofern Sie Einsicht in die Einheitswertakte erhalten, entnehmen Sie auf jeden Fall die folgenden Daten:

- Tatsächliche Herstellungskosten des Gebäudes

- Wohn-/Nutzfläche des Gebäudes in Quadratmeter

- Umbauter Raum des Gebäudes in Kubikmeter

- Fläche des Grund und Bodens in Quadratmeter

- Baujahr

Egal, ob Sie die Einheitswertakte oder die Bauakte einsehen, können Sie die ursprünglichen Herstellungskosten nur übernehmen, wenn der Bauherr keine oder nur unerheblich Eigenleistungen eingebracht hat. Sobald der Bauherr erhebliche Eigenleistungen erbracht hat, sind die tatsächlichen Herstellungskosten naturgemäß nicht hinreichend aussagekräftig. Sie müssen in diesen Fällen die angefallenen Herstellungskosten auf jeden Fall um einen entsprechenden Zuschlag erhöhen, mit dem Sie die Eigenleistungen berücksichtigen.

Korrekturen bei Eigenleistungen

Setzen Sie bei erheblichen Eigenleistungen zwischen 10 bis 20 % als Zuschlag zu den ursprünglichen Herstellungskosten an. In seltenen Fällen wird mehr als 20 % der ursprünglichen Herstellungskosten als Eigenleistung eingebracht worden sein.

Praxis-Tipp:

Nur in seltenen Fällen des langjährigen Familienbesitzes werden Sie die Einheitswertakte selbst einsehen dürfen. In vielen Fällen wird das Steuergeheimnis einer Einsichtnahme entgegenstehen. Sie brauchen also zumindest immer eine Genehmigung des derzeitigen Grundstückseigentümers, um die Einheitswertakte einsehen zu dürfen. Falls sich das Finanzamt dennoch sperrt, versuchen Sie, die Daten einfach fernmündlich abzufragen. Auch dafür brauchen Sie bereits Zustimmung des Eigentümers.

3. So nutzen Sie Ihre Bewertung profitabel

Verkaufs-entscheidung

Die verschiedenen Methoden der Verkehrswertermittlung helfen Ihnen ganz entscheidend bei einem Verkauf der Immobilie. Auf der einen Seite wollen Sie wissen, wo die absolute Schmerzgrenze liegt. Sie wollen also wissen, unter welchem Wert Sie die Immobilie auf keinen Fall abgeben dürfen, ohne die Substanz zu verschleudern. Sie stellen sich deshalb die Frage, was Ihnen der Verkauf mindestens bringen muss.

> **Praxis-Tipp:**
>
> Wenn Sie die Schmerzgrenze berechnen wollen, müssen Sie Ihr sachverständiges Ermessen entsprechend ausüben. Sie müssen bei der Wertfindung deshalb vorsichtig kalkulieren.

Kalkulations-grenzen festlegen

Während die Berechnung der Schmerzgrenze sicher eine unverzichtbare Voraussetzung für die Verkaufsüberlegungen ist, erscheint eine andere Wertgrenze wesentlich interessanter. Berechnen Sie mit einer eigenständigen Kalkulation, was der Verkauf voraussichtlich höchstens einbringen wird. Auch hierbei müssen Sie bei der Wertfindung Ihr sachverständiges Ermessen entsprechend optimistisch ausüben.

Inserate schalten

> **Praxis-Tipp:**
>
> Stellen Sie die beiden Fragen immer nüchtern. Lassen Sie sich bei Ihren Berechnungen von niemandem emotional beeinflussen. Bewerten Sie primär die nackten Fakten des Grundstücks und Ihres sachverständigen Ermessens. Ergründen Sie dann die tatsächlichen Verhältnisse des Grundstücksmarktes, indem Sie entsprechende Inserate aufgeben.

Wichtig: Sobald Sie Ihr Grundstück von Kaufinteressenten besichtigen lassen, gilt eine wichtige Regel. Sorgen Sie für einen „aufgeräumten Zustand". Wenn Ihre Immobilie von einem allgemeinen Chaos beherrscht wird, würden Sie beim Käufer das suggestive Empfinden einer verwahrlosten Immobilie erwecken. Vermeiden Sie auf jeden Fall solche Zufälligkeiten, die Ihnen ein Vermögen kosten können.

Besichtigungs-termin ohne Chaos

Wenn Sie Schmerzgrenze und den optimalen Wert des Grundstücks ermittelt haben, können Sie nach den ersten Kaufangeboten leicht entscheiden, was Sie für Ihr Grundstück voraussichtlich bekommen werden. Für Ihre Verkaufsstrategie sollten Sie sich immer ein entsprechendes Diagramm anlegen, aus dem Sie übersichtlich ablesen können, welche Kaufangebote eine „Frechheit" bzw. – aus der Sicht des Käufers – eine „Dummheit" sind.

Kaufangebote auswerten

Den tatsächlichen Wert der Immobilie werden Sie in der Nähe der so genannten Trendlinie finden.

Strategie mit Diagramm unterstützen

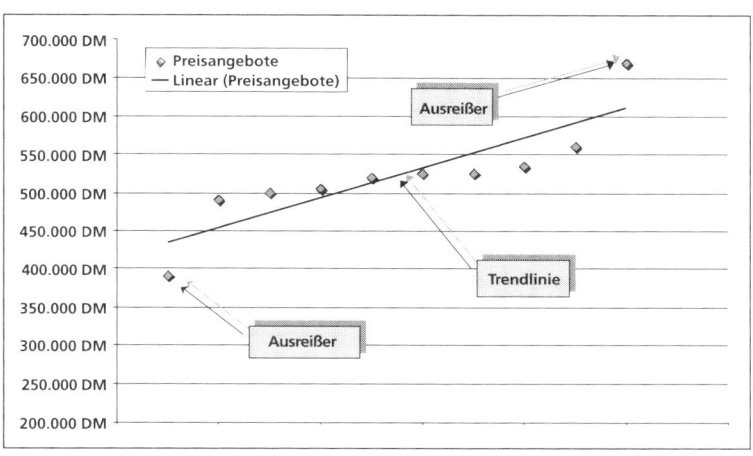

Kauf einer Immobilie

Grenzwerte kalkulieren

Mit umgekehrten Vorzeichen gelten die vorstehenden Regeln, wenn Sie eine Immobilie kaufen wollen. Kalkulieren Sie auch in diesen Fällen mit beiden Grenzwerten der Immobilie. Nutzen Sie dabei die sachverständigen Ermessensspielräume jeweils entsprechend aus.

Versuchen Sie die Immobilie nach der genauesten Methode zu bewerten. Ergänzen Sie Ihre persönliche Kaufpreis-Sammlung. Vergleichen Sie die Feststellungen mit Ihren Beobachtungen bei anderen Grundstücksbesichtigungen.

Kaufrausch vermeiden

Vermeiden Sie den schleichenden „Kaufrausch". Kaufen Sie auf keinen Fall die erstbeste Immobilie. Wer eine Immobilie „sofort" kauft, trifft nur zufällig optimale Entscheidungen. Besichtigen Sie immer mehrere Grundstücke. Sobald Sie meinen, das gerade angebotene Objekt sei die letzte freie Immobilie auf der Welt, wird es höchste Zeit, auf den Boden der Tatsachen zurückzukommen. Eine Kaufstrategie können Sie nur entwickeln, wenn Sie rechnerisch fundierte Kalkulationen durchgeführt haben.

Praxis-Tipp:

Obwohl die objektive Bewertung eines Grundstücks unverzichtbar ist, spielen beim Kauf auch subjektive Wertmaßstäbe des Käufers eine Rolle. Achten Sie deshalb darauf, was dem Käufer persönlich sehr wichtig ist. Beispielsweise wird häufig die Frage vernachlässigt, ob das Grundstück nach Süden ausgerichtet ist.

Wie erfolgreich Sie anschließend sind, werden Sie schnell feststellen, wenn Sie Ihre Berechnungen in Ihre Kaufverhandlungen einbringen!

Literaturhinweise

- Erlass des Bundesministeriums für Raumordnung, Bauwesen und Städtebau vom 1.8.1997 RS I 3 – 63 05 04-4 Normalherstellungskosten 1995 für das Sachwertverfahren der Wertermittlungsrichtlinien in der Fassung vom 11.6.1991 (WertR 91),
Bundesanzeiger Nr. 182a vom 27.9.1991, zuletzt geändert durch Erlass vom 1.8.1996, Bundesanzeiger Nr. 150 vom 13.8.1996
- Ermittlung des Bauwertes von Gebäuden und des Verkehrswertes von Grundstücken, Ross/Brachmann,
OPPERMANN VERLAG, ISBN 3-87604-000-0

- Praxis der Grundstücksbewertung, Dr. Gerady/Möckel, Verlag moderne industrie

- Schätzung und Ermittlung von Grundstückswerten, Dr. Rössler/Langner/Simon/Kleiber,
LUCHTERHAND, ISBN 3-472-00112-7

- Verkehrswertermittlung von Grundstücken, Wolfgang Kleiger, Jürgen Simon, Gustav Weyers,
BUNDESANZEIGER, ISBN 3887842367

- Verordnung über die Grundsätze für die Ermittlung des Verkehrswerts von Grundstücken (Wertermittlungsverordnung – WertV),
Bundesgesetzblatt 1988 Teil I Seite 2209

- Wertermittlungsrichtlinien 91/98 mit Normalherstellungskosten, Wilfried Reinhold,
LUCHTERHAND, ISBN 3-472-02888-2

Stichwortverzeichnis

Stichwortverzeichnis